BEI GRIN MACHT SICH IHR WISSEN BEZAHLT

- Wir veröffentlichen Ihre Hausarbeit, Bachelor- und Masterarbeit

- Ihr eigenes eBook und Buch - weltweit in allen wichtigen Shops

- Verdienen Sie an jedem Verkauf

Jetzt bei www.GRIN.com hochladen und kostenlos publizieren

Maria Drews M.A.

Ethische Probleme beim Rechtsanspruch auf Unterhalt

GRIN Verlag

Bibliografische Information der Deutschen Nationalbibliothek:

Die Deutsche Bibliothek verzeichnet diese Publikation in der Deutschen National-
bibliografie; detaillierte bibliografische Daten sind im Internet über http://dnb.d-
nb.de/ abrufbar.

Impressum:

Copyright © 2006 GRIN Verlag GmbH
Druck und Bindung: Books on Demand GmbH, Norderstedt Germany
ISBN: 978-3-638-94129-7

Dieses Buch bei GRIN:

http://www.grin.com/de/e-book/90425/ethische-probleme-beim-rechtsanspruch-
auf-unterhalt

Ethische Probleme beim Rechtsanspruch auf Unterhalt

Magisterarbeit zur Erlangung
des Grades einer Magistra Artium der
Philosophischen Fakultät
der Heinrich-Heine-Universität Düsseldorf

von

Maria Drews

Datum der Abgabe: August 2006

INHALTSVERZEICHNIS

1. Einleitung

Als „Unterhalt" gilt im allgemeinen Verständnis eine regelmäßige Geldleistung zur Deckung des Lebensbedarfs. Es kann sich jedoch auch um Sach- oder Dienstleistungen handeln, „derer eine Person zum Leben bedarf, das heißt, zur Ernährung, Bekleidung, Unterkunft, Ausbildung und Erfüllung persönlicher Bedürfnisse, bei Kindern auch zur Erziehung und Betreuung". (Brockhaus Enzyklopädie, 20. Auflage Band 22 1996).

In der Bundesrepublik Deutschland unterscheidet man den Familienunterhalt (§§ 1360 bis 1360 b BGB), der in intakten Familien geschuldet wird und der alle anfallenden Kosten des gemeinsamen Haushalts betrifft. Darüber hinaus kennt man den Verwandtenunterhalt (§§ 1601 bis 1615 BGB), der Verwandte in gerader Linie (Eltern-Kinder-Großeltern-Enkel) einander unterhaltsverpflichtet, den Unterhalt für Mütter oder Väter von nichtehelichen Kindern (§1615 I BGB) sowie den Ehegatten- und Geschiedenenunterhalt, der sich in Trennungsunterhalt (1361 BGB) und nachehelichem Unterhalt (§§ 1569 bis 1586 b BGB) aufteilt.

Dem Familienunterhalt liegt die moderne Kleinfamilie als selbständige Haushaltsgemeinschaft eines Ehepaares mit seinen minderjährigen Kindern zugrunde, die sich in der Nachkriegszeit bis Mitte der 60er Jahre faktisch und normativ als Leitbild durchgesetzt hatte (siehe Rüdiger Peuckert, Familienformen im sozialen Wandel, Opladen 1999, S. 9). Dieser Familienunterhalt ist in der Regel unstrittig, da die Voraussetzung darin besteht, dass die betroffenen Familienmitglieder das Zusammenleben nach konventionellen Mustern beibehalten. Der Verwandtenunterhalt gegenüber unmündigen Kindern ist ebenfalls als logisch und unstrittig anzusehen. Bedenklich erscheint dagegen der Unterhaltsanspruch und die Unterhaltsverpflichtung zweier erwachsener nicht in einer Hausgemeinschaft lebenden Individuen untereinander, und zwar gleichgültig aus welchen bestehenden oder ehemaligen familiären Beziehungen dies abgeleitet wird. Um diesen Tatbestand zu hinterfragen ist es erforderlich, die Entwicklung der heutigen Familienformen, die als Begründung der Ansprüche und Verpflichtungen herangezogen werden, zu betrachten.

Rüdiger Peuckert beschreibt in seinen 1999 veröffentlichten Ausführungen über die Entstehung der modernen Kleinfamilie als familiaren Normaltypus der Moderne, dass in der öffentlichen Debatte häufig angemerkt wird, „die Familie" befinde sich insbesondere in westlichen Industriegesellschaften in Auflösung. Dabei werde unterstellt, dass es ein „Grundmuster familialen Zusammenlebens" immer schon gegeben habe. Tatsächlich jedoch erscheint die heutige Situation nur deshalb krisenhaft, weil sie unter dem Blickwinkel einer „historisch einmaligen Situation" Ende der 50er/Anfang der 60er Jahre betrachtet wird. Zu dieser Zeit war die moderne Kleinfamilie als Ehe- und Familienmuster so dominant wie nie zuvor eine andere Form. „Die privatisierte Kleinfamilie" als „selbständige Hausgemeinschaft eines verheirateten Paares mit seinen unmündigen Kindern wurde von der Mehrheit der Bevölkerung als die normale Form des Familienlebens betrachtet und nicht in Frage gestellt (Peuckert, S. 20).

Peuckert fährt fort, dass diese Familienform jedoch als das Ergebnis eines „langfristigen strukturell-funktionalen Differenzierungsprozesses von Gesellschaft" bezeichnet werden kann. Ältere Gesellschaftsformationen – auch familiäre – hätten alle zentralen gesellschaftlichen Funktionen selbständig erbracht. Im Zuge neuzeitlicher Entwicklungen (speziell im 19. Jahrhundert) habe sich jedoch in Europa ein „Gesellschaftstypus entwickelt, der eigenständige gesellschaftliche Teilbereiche, wie Wirtschaft, Politik, Religion, Recht, Wissenschaft, abdeckt, also bestimmte gesellschaftlich relevante Funktionen erfüllt. Der Strukturwandel der Familie stellt sich demnach als ein Prozeß der Auslagerung dar, bei dem aus heutiger Sicht nichtfamiliäre Funktionen (wie Produktion, Ausbildung, Altersversorgung etc.) von der Primärinstitution „Familie" auf Sekundärinstitutionen der Gesellschaft übertragen wurden. Es bildete sich ein Familientyp als Teilsystem der Gesellschaft heraus mit einem nur ihm eigenen „Funktions- und Handlungskomplex". Peukert fährt fort, dass ehedem vor allem von ökonomischen Anforderungen bestimmte familiale Beziehungen im Verlauf dieses Prozesses zugunsten emotionaler Beziehungen zurückgetreten sind. (Peuckert, S. 20). Mit anderen Worten, die Beziehungen innerhalb einer Familie waren in der Vergangenheit hauptsächlich geprägt von gemeinschaftlicher Produktion von Wirtschaftsgütern, aber auch gesellschaftlichem und politischem Handeln.

Die soziale Gruppe „Familie" war im vorindustriellen Zeitalter primär Produktionsstätte. Neben einer großen „Vielfalt familialer Lebensformen" war das wichtigste und am weitesten verbreiteste Wirtschafts- und Sozialgebilde die „typische Sozialform des ‚ganzen Hauses' (Peuckert, S. 21). Hier herrschte die Einheit von Produktion und Familienleben vor. Dem „Hausvater" unterstanden nicht nur alle verwandten Familienmitglieder, sondern auch alle nichtverwandten Mitbewohner. Die Einheit von Produktion und Haushalt führte dazu, dass die zwischenmenschlichen Beziehungen in erster Linie sachlicher Natur waren und emotionale persönliche Bindungen deutlich zurücktraten. Das galt für das Verhältnis zwischen den Geschlechtern wie für die Stellung der Kinder und das Verhältnis zu ihnen gleichermassen. Die Partnerwahl erfolgte weitgehend aus ökonomischen Gesichtspunkten, Kinder wurden eher als potentielle Arbeitskräfte angesehen und so auch behandelt, was auch hier zu einer relativ gefühlsarmen Beziehung führte. (Peuckert, S. 21)

Innerhalb dieses Sozialgebildes stand der Arbeitsleistung jedes einzelnen Mitgliedes der Hausgemeinschaft die Sicherung des „Unterhalts" gegenüber.

Als Folge der mit der Industrialisierung einhergehenden Trennung von Arbeitsplatz und Wohnstätte bildete sich zunächst im gebildeten und wohlhabenden Bürgertum die auf „emotional-intime Funktionen spezialisierte bürgerliche Familie" heraus, in der Frauen und Kinder von der Erwerbsarbeit freigestellt werden konnten und die als Vorläufermodell der modernen Kleinfamilie angesehen werden kann. Die „bürgerliche Familie" unterscheidet sich in wichtigen Punkten von der multifunktionalen vorhergehenden Lebensform des „ganzen Hauses":

1. Wohnung und Arbeitsstätte sind räumlich getrennt. Die Produktion findet ausserhalb der Familie statt.

2. Bedienstete werden räumlich ausgegliedert; sie erhalten Angestelltenstatus.

3. Das Leitbild der Ehe als Intimgemeinschaft betont die Einmaligkeit und Einzigartigkeit des Partners oder der Partnerin, im Unterschied zur relativen Austauschbarkeit der Partner im „ganzen Haus". Die Familie bildet einen privatisierten, auf emotional-intime Funktionen spezialisierten Teilbereich.

„Liebe wird zum zentralen ehestiftenden Motiv".

4. Es erfolgt eine Polarisierung der Geschlechterrollen: der Mann als Ernährer, die Frau im familialen Binnenraum.

5. Kindheit wird zu einer selbständigen, anerkannten Lebensphase, die Erziehung zur ureigensten Aufgabe der Frau. (Peuckert, S. 22)

In diesem Entwicklungsprozess nimmt die Sexualität an Bedeutung zu und wird „untrennbar an die Liebe gebunden". Da diese Liebe nur zwischen zwei Individuen bestehen kann, leitet diese Vorstellung von Ehe und Liebe eine wachsende Individualisierung ein. Mit zunehmendem Einkommen wurde die ehemals nur für das wohlhabende Bürgertum lebbare bürgerliche Ehe auch für Arbeiterfamilien erschwinglich. So kam es dazu, dass in den 50er und frühen 60er Jahre die moderne Kleinfamilie zur massenhaft gelebten Lebensform wurde. Leitbild der „modernen Familie" war die lebenslange, monogame Ehe, deren Sinn sich in der Familiengründung erfüllt. Die Ehefrau und Mutter ist primär zuständig für die emotional-affektiven Bedürfnisse der Familie und für die Haushaltsführung. „Dem Vater als Autoritätsperson obliegen die Außenbeziehungen und die instrumentellen Aspekte des Familienlebens. Alternative Formen des Zusammenlebens werden zwar toleriert, aber auch diskriminiert: Alleinlebende, Alleinerziehende, Geschiedene, nichteheliche Lebensgemeinschaften etc.. (Peuckert S. 24/25)

Zusammenfassend kann festgehalten werden: Die als „Normalfamilie" privatisierte Kleinfamilie kann als Ergebnis eines „Differenzierungsprozesses von Gesellschaft" betrachtet werden, die mit dem Verlust der Produktionsfunktion und dem damit auftretenden „Vakuum" eine Veränderung der innerfamiliären Beziehungen erfuhr. Die ursprünglich vor allem aus der notwendigen Zusammenarbeit sich ergebenden neutralen Beziehungen wurden in der Suche einer neuen – anderen – Sinngebung emotionalisiert.

Peuckert führt dazu aus:

„Im Zentrum der modernen oder privatisierten Kleinfamilie stehen intim-expressive Funktionen (die Befriedigung subjektiver Bedürfnisse nach Intimität, persönlicher

Nähe, Geborgenheit, Sexualität) und sozialisatorische Leistungen. War Sozialisation im „ganzen Haus" wesentlich durch die Teilnahme der Kinder an den praktischen Vollzügen gekennzeichnet, die keine besondere Beachtung der Eigenarten des Kindes zuließen, so wird Kindheit nun als eine spezifische Entwicklungsphase gesehen, die die Eltern (vor allem die Mütter) durch Zuwendung und Förderung begleiten sollen." (S. 25)

Der ehemals in das Bild des „ganzen Hauses" passende Anspruch auf Unterhalt, dem eine den eigenen Möglichkeiten angepasste persönliche Leistung innerhalb der Hausgemeinschaft gegenüberstand, steht nun in der modernen Kleinfamilie die im Zentrum stehende emotionale Bindung gegenüber. Diese emotionale Bindung jedoch ist höchst labil und bei Scheidung oder problematischem Verlassen des Elternhauses als zerstört zu betrachten. Ob in diesem Fall ein einklagbarer Anspruch gerechtfertigt sein kann, muss in höchstem Masse bezweifelt werden.

Das geltende Recht jedoch sieht einen einklagbaren Anspruch und eine lebenslange Verpflichtung auf Unterhaltszahlung vor, und zwar als Folge einer familiären Beziehung. Als familiäre Beziehung gelten neuerdings auch sogenannte Lebenspartnerschaften zwischen gleichgeschlechtlichen Partnern. Die Rechtsprechung berücksichtigt bei einer Trennung der Paare zwar immer mehr die Tatbestände des Einzelfalls, aber der grundsätzliche zeitlich unbegrenzte Rechtsanspruch ist weiterhin gegeben.

Zur Beurteilung der vorhandenen Strukturen muss gefragt werden wer, was und aus welchen Gründen etwas beanspruchen kann, oder wer, was und aus welchen Gründen zu etwas verpflichtet ist. Dazu ist festzuhalten:

- Den Berechtigten und auch den Verpflichteten ist gemeinsam, Mitglied einer nach aussen geschlossenen sozialen Gruppe zu sein.
- Gefordert werden kann der Transfer von Vermögensanteilen von Verpflichteten zu Berechtigten.
- Die Basis hierzu bieten die den Gesetzesnormen zugrundeliegenden Begründungen.

In Deutschland sind dies hauptsächlich Gesetzesnormen im Bürgerlichen Gesetz-buch (BGB), deren Sinngehalt mit den einschlägigen Artikeln des Grundgesetzes im Einklang stehen müssen. Die Sanktionen bei Verletzung dieser Normen sind im Strafgesetzbuch (StGB) geregelt. Diese Normen müssen hinterfragt werden, um die Vereinbarkeit von einklagbarem Unterhaltsanspruch mit Gerechtigkeitstheorien beurteilen zu können. Dazu werden exemplarisch die Theorien von John Rawls, Robert Nozick und Otfried Höffe betrachtet.

Betrachtet werden auch die den Unterhaltsansprüchen zugrunde liegenden Strukturen. Das sind die sozialen Beziehungen, die sich daraus bildende soziale Gruppe (Primärinstitution), die innerhalb dieser Gruppe geltenden Normen sowie die im Gemeinwesen (Sekundärinstitution) geltenden Rechtsnormen.

Als weiteres spielt eine Rolle, inwieweit der Stellenwert von Primärinstitutionen wie „Hausgemeinschaft", „Ehe", „Familienzugehörigkeit", „Eltern-Kind-Beziehung" sowie von den damit zusammenhängenden Rollenvorstellungen und/oder Anerkennung von Autoritäten innerhalb dieser Gruppierungen den Anspruchsbegründungen noch entsprechen. Die „Spielregeln" dieser Schicksalsgemeinschaften – wie man sie nennen kann - bestehen in den Sittennormen, die sich als verfestigte Form zu Gesetzesnormen entwickelt haben.

Im Blick auf die Eltern-Kind- Beziehung muss auch die durch die Vorverlegung der Volljährigkeit erfolgte Entlassung aus der elterlichen Gewalt eine Rolle spielen.

Die ethische Dimension eines gegenseitigen einklagbaren Unterhaltsanspruchs von zwei gleichberechtigten erwachsenen Personen muss abhängig von kulturellen Besonderheiten betrachtet werden. Das ergibt sich aus der Tatsache, dass die kulturellen Besonderheiten in diesem Zusammenhang regelmäßig in Form von Charakteristika der Rollenverständnisse innerhalb der sozialen Gruppe, in der jeder lebt, auftreten. Beispiele dafür sind die mit einem Rollenverständnis verbundenen Pflichten, der Stellenwert der Familie und den darin herrschenden Strukturen, die Gehorsamspflicht von Kindern gegenüber Eltern, die Unterordnung von Frauen gegenüber Männern etc. Den damit verbundenen Abhängigkeiten steht dann ein in diesem Kontext durchaus gerechtfertigter Anspruch auf Versorgung gegenüber. Moralisch ändert sich die Rechtfertigung eines Anspruchs gegenüber der sozialen Gruppe dramatisch, wenn diese Abhängigkeiten eingetauscht werden gegen individualisierte Entscheidungsfreiheit innerhalb der Strukturen, die die kollektive Sicherheit und Versorgung gewährleisten soll oder, wenn diese Gruppe sogar verlassen wird. Wenn also gegen die Normstrukturen verstoßen wird, wenn Freiheiten gegen den ausdrücklichen Willen sowie die Interessen der sozialen Gruppe und/oder anderer Mitglieder der sozialen Gruppe in Anspruch genommen werden.

Des weiteren ist zu fragen, aus welchen von der Natur des Menschen ausgehenden zwischenmenschlichen Beziehungen der Anspruch ursprünglich abgeleitet wurde und inwieweit der status quo der zugrunde liegenden Normen der Fortentwicklung - der inhaltlichen Veränderung also - dieser Beziehungen entspricht. Darüber hinaus ist die Frage zu stellen, ob es überhaupt einen Anspruch auf Zahlung von Unterhalt geben kann, wenn diesem keine erkennbare Gegenleistung gegenübersteht - wenn beispielsweise die als Voraussetzung geltende emotionale Bindung gelöst wurde und wie ein solcher Tatbestand aus der Perspektive von Gerechtigkeitstheorien der Philosophie zu bewerten ist.

2. Hauptteil :   Vereinbarkeit des geltenden Unterhaltsrechts mit Gerechtigkeitstheorien in der gegenwärtigen Praktischen Philosophie

2.1 Aktuelle Ansätze von Gerechtigkeitstheorien:

Die vorliegende Untersuchung soll nicht das Für und Wider der Ansätze einzelner Gerechtigkeitstheorien herausstellen. Es sollen die in den verschiedenen Ansätzen jeweilig vertretenen Grundideen herauszukristallisiert werden, und zwar unter der Fragestellung, inwieweit die geltenden Unterhaltsregelungen mit diesen Grundideen der Gerechtigkeitstheorien vereinbar sind.

Im Jahre 2002 haben Christoph Horn und Nico Scarano im Suhrkamp Verlag mit dem Buch „Philosophie der Gerechtigkeit" eine Textsammlung herausgegeben, die versucht, einen Überblick zu diesem Thema von der Antike bis zu Gegenwart zu verschaffen. In der Einführung beziehen sie sich auf John Rawls, der Gerechtigkeit als „die erste Tugend sozialer Institutionen" bezeichnet habe, und stellen dies als Motto über die zeitgenössische Debatte.

Innnerhalb der Theorien – der zeitgenössischen -, die Gerechtigkeit als einen normativen Begriff betrachten, sehen sie hauptsächlich „sieben institutionenethische Themen verhandelt" (S. 9,)

1. Politische Gerechtigkeit, verstanden als angemessene Verteilung von Rechten, Freiheiten, Ämtern und Chancen;
2. Soziale und ökonomische Gerechtigkeit, mit Blick auf die Verteilung materieller Güter, Arbeitsstellen und Ressourcen einschließlich der medizinischen Versorgung;
3. Gerechtigkeit zwischen den Geschlechtern;
4. Gerechtigkeit gegenüber gesellschaftlichen Minderheiten;
5. Intergenerationelle Gerechtigkeit;
6. Juridische Gerechtigkeit einschließlich der Strafgerechtigkeit;
7. Internationale bzw. globale Gerechtigkeit als Nachfolgerin der älteren Diskussion um den gerechten Krieg.

Unter Einbeziehung der älteren Begriffsgeschichte fügen sie noch zwei zusätzliche Themen hinzu:

8. die kosmische oder natürliche Gerechtigkeit sowie
9. Gerechtigkeit verstanden als Eigenschaft einer Handlung oder aber vorzügliche Charaktereigenschaft.

Die Autoren stellen eine Vielfalt des normativen Gerechtigkeitsbegriffs fest, wobei sie zahlreiche Bereiche erkennen, in denen die Ausdrücke „gerecht" oder „ungerecht" verwendet werden. Diese Bereiche klassifizieren sie nach ihrer Anwendungsweise in:

1. Personale (Personen und Personengruppen, deren Handlungen etc.)
2. Institutionelle, (Verfahren, Regeln, Staaten etc.) und hier in
   – Theoretische und
   - Prozedurale
3. Resultative.(Wettkämpfe, Verteilungszustände etc.)

Über die Frage nach dem eigentlichen Sinn, was gerecht oder ungerecht ist, beziehen sich die Autoren auf die Theoriegeschichte von Gerechtigkeit und führen aus, dass viele ältere Theorien zur personalistischen Auffassung neigen, während die modernen Debatten bei den institutionalistischen Ansätzen zu liegen scheinen. Sie schlagen vor, das Problem als „Frage nach dem Primärobjekt von Gerechtigkeit" festzumachen.

Nach Horn/Scarano stehen drei zentrale Fragestellungen im Vordergrund:

- Das **Dissensproblem**
  „Es betrifft den Umgang mit den in der Gesellschaft und zwischen den Kulturen beobachtbaren Differenzen in Bezug auf Gerechtigkeitsfragen."

- Das **Positivitätsproblem**:
  „Es bezieht sich auf den Zusammenhang zwischen der normativen Idee der Gerechtigkeit und den existierenden gesellschaftlichen Institutionen, vor allem den bestehenden Rechtsordnungen."

- Das **Egalitarismusproblem**,
  „in dem es um den Zusammenhang zwischen Gerechtigkeit und
  Gleichheit geht. Muss man Gerechtigkeit im Sinn eines strikten
  Egalitarismus oder aber im Sinn einer adressatenrelativen
  Ungleichverteilung verstehen;"

Die Frage nach der Berechtigung von einklagbarem Unterhaltsanspruch eines gesunden erwachsenen Menschen gegenüber einer anderen erwachsenen Person betrifft mehr oder weniger alle vorgenannten Bereiche: Sie betrifft sowohl Institutionen und ihre Regelungen als auch Personen und ihre Handlungen, aber auch die drei oben stehenden zentralen Fragestellungen:

Zu 1: Im Zusammenhang mit dem **Dissensproblem** sind die Fragen relevant, welche unterschiedlichen Auffassungen über Werte (Sittennormen) innerhalb einer Gruppe und/oder zwischen den zu vergleichenden sozialen Gruppen gelten, welche verschiedenartigen Abhängigkeiten zwischen den Gruppenmitgliedern bestehen, welche Gehorsamspflichten zu erfüllen sind oder ob vielleicht eine Emanzipationsentwicklung stattfand, und schließlich, welche grundsätzlichen individuellen Freiheiten dem einzelnen Individuum zugestanden werden oder auch nicht.

Zu 2.: Beim **Positivitätsproblem** und dem Zusammenhang zwischen der normativen Idee der Gerechtigkeit und den existierenden gesellschaftlichen Institution, vor allem den bestehenden Rechtsordnungen muß hinterfragt werden, aufgrund welcher Gegebenheiten und aufgrund welcher vermuteten Schutzbedürfnisse von betreffenden Personengruppen geltendes Recht gesetzt wurde. Es muß auch hinterfragt werden, ob diese Schutznotwendigkeiten noch gegeben sind und welch innerer Zusammenhang hier zwischen Anspruch und Notwendigkeit besteht.

Die Frage, ob geltendes Recht einklagbarer Unterhaltsansprüche noch zeitgemäß ist, steht im Zusammenhang mit der Frage nach der Gerechtigkeit sozialer Institutionen, hier der sozialen Institution „Rechtsnorm".

Zu 3.: Das **Egalitarismusproblem**, fragt nach dem Zusammenhang zwischen Gerechtigkeit und Gleichheit sowie danach, ob Gerechtigkeit im Sinne eines strikten Egalitarismus oder aber im Sinne einer adressatenrelativen Ungleichverteilung zu verstehen ist. Ob „Gleichheit" als Grundidee für „Gerechtigkeit", als Zielvorgabe oder lediglich als einen der vielen Bausteine zu betrachten ist, führt zwingend zu der Einbeziehung der von der Natur vorgegebenen Aufgabenverteilung, nämlich der Fortpflanzung und der damit verbundenen Fürsorgenotwendigkeiten für die ersten Lebensjahre des Nachwuches. Aus dieser „natürlichen" Aufgabenverteilung entstanden Rollenverständnisse für Männer und Frauen innerhalb einer Gesellschaft, deren Inhalte nur schwer an veränderte Rahmenbedingungen angepaßt werden können. Eine Diskussion über adressatenrelative Ungleichverteilung muß die gesellschaftspolitisch wichtige und wünschenswerte Institution „Elternschaft" würdigen und die damit verbundenen besonderen Kompensationsanspüche der für die Realisierung bereiten Personen entsprechend berücksichtigen.

Da eine Vergleichbarkeit von Personen mit „Aufzuchtspflichten" und Personen ohne diese problematisch ist, bezieht sich die vorliegende Untersuchung ausschließlich auf erwachsene arbeitsfähige Personen, unabhängig von ihrem familiären Umfeld und gleichgültig von welcher Familienbeziehung der Anspruch abgeleitet wird.

Geltende Unterhaltspraxis kann jedoch sowohl unter dem Gesichtspunkt „1. Politische Gerechtigkeit, ..." als auch unter dem Schwerpunkt „2. Soziale und ökonomische Gerechtigkeit, ..." und „3. Gerechtigkeit zwischen den Geschlechtern" betrachtet werden. Dabei kann die Gerechtigkeit zwischen den Geschlechtern unter politischer, sozialer und ökonomischer, intergenerationeller aber auch juridische Gerechtigkeit angesehen werden. International spielt wiederum eine Rolle, ob dem Unterhaltsanspruch eine Einschränkung persönlicher Freiheiten gegenüber steht.

Eingrenzend wird der Zusammenhang zwischen der normativen Idee der Gerechtigkeit und den existierenden gesellschaftlichen Institutionen, vor allem der Rechtsordnungen (Positivitätsproblem), hinterfragt.

Was die als gerecht oder ungerecht bezeichneten betroffenen Bereiche angeht, so ist sowohl der personale als auch der institutionelle aber auch der resultative Bereich betroffen.

Für eine Untersuchung auf Kompatibilität von Unterhaltsregelungen im geltenden Recht mit den zeitgenössischen Gerechtigkeitstheorien innerhalb der Philosophie werden exemplarisch die **Gerechtigkeitstheorien von John Rawls, Robert Nozick und Otfried Höffe in ihren zentralen Ansätzen betrachtet** und in Zusammenhang gebracht..

2.1.1 John Rawls und seine Gerechtigkeit als Fairness

Die folgenden Ausführungen beziehen sich ausschließlich auf das Werk von John Rawls, „Eine Theorie der Gerechtigkeit", in der deutschen Übersetzung 1979 im Suhrkamp-Verlag Frankfurt erschienen. Alle Zitate sind aus diesem Werk. (Titel der Originalausgabe: A Theory of Justice, 1971 by the President and Fellows of Harvard College)

Die Darstellung der inhaltlichen Strukturen sowie die Auswahl der zitierten Textstellen erfolgte selektiv unter dem Gesichtspunkt ihres inhaltlichen Bezugs zum einklagbaren Rechtsanspruch auf Unterhalt.

In seiner Theorie der Gerechtigkeit betrachtet Rawls die Gesellschaft als ein System gegenseitiger Abhängigkeiten zum gegenseitigen Vorteil (S. 105). Unter diesem Blickwinkel entwickelt er eine Vorstellung von politischer Ethik, die primär auf die Gerechtigkeit politischer Institutionen abzielt und damit eine faire Verteilung des erwirtschafteten Ertrages sozialer Kooperation ermöglicht. Aus dieser notwendigen Rahmenbedingung leitet er dann die für ein funktionierendes System unverzichtbaren Verhaltensmuster im Blick auf Rechte und Pflichten der handelnden Personen ab.

Rawls strukturiert das Thema in drei Teile:

- Teil 1 „Theorien" (S. 19 bis 223)

  mit den Kapiteln „Gerechtigkeit als Fairneß", „Die Grundsätze der Gerechtigkeit"

  sowie „Der Urzustand",

- Teil 2 „Institutionen" (S. 223 bis 433)

  mit den Kapiteln „Gleiche Freiheit für alle", „Die Verteilung" sowie „Pflicht und

  Verpflichtung" und

- Teil 3 „Ziele" (S. 433 bis 639)

  mit den Kapiteln „Das Gute als das Vernünftige", „Der Gerechtigkeitssinn" sowie

  „Das Gut der Gerechtigkeit".

Als Hauptgegenstand der Gerechtigkeit bezeichnet Rawls die Grundstruktur der Gesellschaft und als Hauptgedanken die Gerechtigkeit als Fairness. Für diese Gerechtigkeit als Fairness entwickelt er „eine Gerechtigkeitstheorie, die die herkömmliche Vorstellung vom Gesellschaftsvertrag verallgemeinert und auf eine höhere Abstraktionsebene hebt" (S. 19).

Rawls führt dazu aus:

„Dazu darf man sich den ursprünglichen Vertrag nicht so vorstellen, als ob er in eine bestimmte Gesellschaft eingeführt würde oder eine bestimmte Regierungsform errichtete. Der Leitgedanke ist vielmehr, daß sich die ursprüngliche Übereinkunft auf die Gerechtigkeitsgrundsätze für die gesellschaftliche Grundstruktur bezieht. Es sind diejenigen Grundsätze, die freie und vernünftige Menschen in ihrem eigenen Interesse in einer anfänglichen Situation der Gleichheit zur Bestimmung der Grundverhältnisse ihrer Verbindung annehmen würden....(S. 28)

In der Theorie der Gerechtigkeit als Fairneß spielt die ursprüngliche Situation der Gleichheit dieselbe Rolle, wie der Naturzustand in der herkömmlichen Theorie des Gesellschaftsvertrags. Dieser Urzustand wird natürlich nicht als ein wirklicher geschichtlicher Zustand vorgestellt, noch weniger als primitives Stadium der Kultur. Er wird als rein theoretische Situation aufgefaßt, die so beschaffen ist, daß sie zu einer bestimmten Gerechtigkeitsvorstellung führt. Zu den wesentlichen Eigenschaften dieser Situation gehört, daß niemand seine Stellung in der Gesellschaft kennt, seine Klasse oder seinen Status, ebensowenig sein Los bei der Verteilung natürlicher Gaben wie Intelligenz oder Körperkraft (S. 28). Ich nehme sogar an, dass die Beteiligten ihre Vorstellung vom Guten und ihre besonderen psychologischen Neigungen nicht kennen. Die Grundsätze der Gerechtigkeit werden hinter einem **Schleier des Nichtwissen**s festgelegt. Dies gewährleistet, dass dabei niemand durch die Zufälligkeiten der Natur oder der gesellschaftlichen Umstände bevorzugt oder benachteiligt wird. Da sich alle in der gleichen Lage befinden und niemand Grundsätze ausdenken kann, die ihn aufgrund seiner besonderen Verhältnisse bevorzugen, sind die Grundsätze der Gerechtigkeit das Ergebnis einer fairen Übereinkunft oder Verhandlung. (S. 29)

Rawls geht also von einer gedachten Ursitutation aus. Jeder Einzelmensch soll sich diese Ursituation vergegenwärtigen um letztlich selbst durch Reflexion herauszufinden, was rechtens oder unrechtens sein könnte. Der gedachte Zustand soll durch Ausblenden aller auf äußere Umstände bezogene Informationen zu einem systematischen Urteil des gesunden Menschenverstandes führen. Sein Konzept der Gerechtigkeit setzt dabei voraus, dass alle beteiligten Parteien die gefundenen Grundsätze als fair anerkennen, sie daher akzeptieren und sich entsprechend verhalten. Dies erinnert an Kants Reich der Zwecke, an dem jeder als Glied gesetzempfangend und als Oberhaupt gesetzgebend teilhat. Rawls bezieht sich in seinem Vorwort auch auf diesen Tatbestand: „Die Theorie trägt stark Kantische Züge, ..." (S. 12). Er bezeichnet die von ihm formulierten Gerechtigkeitsgrundsätze auch als kategorische Imperative, da Kant nach Meinung Rawls' darunter Verhaltensgrundsätze versteht, „die für jemanden als freies und gleiches Vernunftwesen gelten und bei ihm keine besonderen Wünsche und Ziele voraussetzen" (S. 285).

Die in der gedachten Ursituation gefundenen Grundsätze der Gerechtigkeit sind für Rawls dann bindend für alle Einzelmenschen.
Er führt aus:

.."Im System der natürlichen Freiheit bestimmt sich die Anfangsverteilung nach der (...) Vorstellung der den Fähigen offenstehenden Laufbahnen. Diese setzt gleiche Freiheiten (gemäß dem ersten Grundsatz) und eine Wirtschaft des freien Marktes voraus." (S. 92)

und fährt weiter fort:

„"Die freien Märkte müssen in politische und juristische Institutionen eingebettet werden, die den wirtschaftlichen Gesamtablauf regeln und die gesellschaftlichen Verhältnisse aufrechterhalten, die für die faire Chancengleichheit notwendig sind." (S. 93)

Mit anderen Worten, Rawls setzt bei seinen Überlegungen über eine praxisbezogene Theorie der Gerechtigkeit voraus, dass ein rechtsstaatlicher Aufbau der Gesellschaft unabhängig von der Gerechtigkeitstheorie gegeben ist, innerhalb dessen die Grundsätze verwirklicht werden sollten. Dieser rechtsstaatliche Aufbau muss als Ergebnis einer Anfangsverteilung betrachtet werden, der auf der Basis gesellschaftlicher Gegebenheiten entstanden ist und der daher auf Kompatibilität mit gesellschaftlichen Entwicklungen überprüft werden muss.

Eine Theorie der Gerechtigkeit als Fairneß betrachtet laut Rawls die Gesellschaft als „ein Unternehmen der Zusammenarbeit zum gegenseitigen Vorteil." (S. 106) Danach ist die Grundstruktur

„ein öffentliches Regelsystem zur Festlegung von Handlungsformen, durch die die Menschen gemeinsam eine größere Menge von Gütern erzeugen, wobei jeder einen anerkannten Anspruch auf einen Anteil an diesen hat. Was jemand tut, hängt davon ab, wozu ihn die öffentlichen Regeln berechtigen, und das wiederum hängt davon ab, was er tut. Die Verteilung ergibt sich aus der Erfüllung der Ansprüche, die sich danach bestimmen, was die Menschen im Lichte dieser berechtigten Erwartungen unternehmen."

Bei den konkreten Überlegungen schlägt Rawls einen Bogen über die Formulierung von zwei Grundsätzen der Gerechtigkeit (S. 81 ff), die sich in erster Linie an die Institutionen der Gesellschaft richten, und kommt darüber zu den Rechten und Pflichten von Einzelmenschen (S. 130 ff). Pflichten von Einzelmenschen wiederum unterteilt er in natürliche Pflichten und Verpflichtungen. Für die letzteren formuliert er einen „Grundsatz der Fairneß" (S. 133). Dieser Grundsatz besagt laut Rawls, dass der Einzelmensch verpflichtet ist, sich den Regeln einer Institution gemäss zu verhalten, „wenn zwei Bedingungen erfüllt sind:

1. „Dass die Institution gerecht (fair) ist, das heisst, den beiden Grundsätzen der Gerechtigkeit entspricht.
2. Dass man freiwillig ihre Vorteile annimmt oder die von ihr gebotenen Möglichkeiten der Förderung seiner Interessen ausnützt. „ (S. 133)

Der Grundgedanke ist hier laut Rawls:

„Wenn sich mehrere Menschen nach Regeln zu gegenseitig nutzbringender Zusammenarbeit vereinigen und damit ihre Freiheit zum Vorteil aller beschränken müssen, dann haben diejenigen, die sich diesen Beschränkungen unterwerfen, ein Recht darauf, daß das auch die anderen tun, die Vorteil davon haben. Man darf bei der Zusammenarbeit nicht die Früchte fremder Anstrengung in Anspruch nehmen, ohne selbst seinen fairen Teil beizutragen." (S. 133)

Rawls betont demnach, dass ein Gesellschaftssystem nur dann als gerecht – oder fair - anzusehen ist, wenn es ein System von Leistung und Gegenleistung beinhaltet. Jeder Teilnehmer oder jede Teilnehmerin am Gemeinwesen haben die ihnen mögliche Leistung einzubringen und gleichzeitig den Anspruch an einen Anteil am erwirtschafteten Erfolg.

Die Notwendigkeit einer Gerechtigkeit als Fairness begründet Rawls damit, dass in einer wohlgeordneten Gesellschaft das Wohl ihrer Mitglieder im Vordergrund steht, und dass als Folge davon jeder die gleichen Gerechtigkeitsgrundsätze anerkennt. (S. 21 ff und S. 493 ff). Aus dieser Anerkennung, die er als eine Folge der Vernunft der Menschen betrachtet, entsteht nach Rawls die Stabilität einer Gerechtigkeitsvorstellung, die vom Stärkeverhältnis bestimmter Motive abhängt; „der ihr entsprechende Gerechtigkeitssinn und die von ihr geförderten Ziele müssen gewöhnlich stärker sein als die Neigungen zur Ungerechtigkeit." (S. 494/495)

Mit anderen Worten, Rawls geht davon aus, dass die Wirksamkeit der Regelungen durch Institutionen in hohem Maße davon abhängt, inwieweit die davon betroffenen Einzelmenschen den Regelungsbedarf und den Regelungsinhalt anerkennen und daher auch die damit möglicherweise verbundenen Einschränkungen akzeptieren.

Die beiden Grundsätze der Gerechtigkeit (S. 81 ff)

Rawls betont, dass die beiden Grundsätze der Absicht entsprechen, „die Verteilung der natürlichen Fähigkeiten in gewisser Beziehung als öffentliches Gut zu betrachten, so dass die Bevorzugten nur solche Vorteile in Anspruch nehmen dürfen, die auch den Benachteiligten zugute kommen." (S. 205)
Dabei richten sich die Grundsätze in erster Linie als Anspruch an Institutionen, also an die Organisationsstruktur der Gesellschaft.

Rawls führt aus: „Die beiden Grundsätze sind ein Spezialfall einer **allgemeineren Gerechtigkeitsvorstellung**, die man folgendermaßen formulieren kann:
Alle sozialen Werte – Freiheit, Chancen, Einkommen, Vermögen und die sozialen Grundlagen der Selbstachtung – sind gleichmäßig zu verteilen, soweit nicht eine ungleiche Verteilung jedermann zum Vorteil gereicht.
Ungerechtigkeit besteht demnach einfach in Ungleichheiten, die nicht jedermann Nutzen bringen." (S. 83)

Rawls konkretisiert diese allgemeinen Vorstellungen in zwei Grundsätzen (Erste Formulierung S. 81):

1. „Jedermann soll gleiches Recht auf das umfangreichste System gleicher Grundfreiheiten haben, das mit dem gleichen System für alle anderen verträglich ist." (**Freiheitsprinzip**)

2. „Soziale und wirtschaftliche Ungleichheiten sind so zu gestalten, dass (a) vernünftigerweise zu erwarten ist, dass sie zu jedermanns Vorteil dienen, und (b) sie mit Positionen und Ämtern verbunden sind, die jedem offen stehen." (**Differenzprinzip**)

Er formuliert diese Gedanken aus, indem er zu den beiden Grundsätzen Vorrangregeln aufstellt (S. 336/337):

„**Erste Vorrangregel** (Vorrang der Freiheit
Die Gerechtigkeitsgrundsätze stehen in lexikalischer Ordnung; demgemäß können die Grundfreiheiten nur um der Freiheit willen eingeschränkt werden, und zwar in folgenden Fällen:
- eine weniger umfangreiche Freiheit muß das Gesamtsystem der Freiheiten für alle stärken;
- eine geringere als gleiche Freiheit muß für die davon Betroffenen annehmbar sein.

Zweite Vorrangregel (Vorrang der Gerechtigkeit vor Leistungsfähigkeit und Lebensstandard)
Der zweite Gerechtigkeitsgrundsatz ist dem Grundsatz der Leistungsfähigkeit und Nutzenmaximierung lexikalisch vorgeordnet, und zwar in folgenden Fällen:
a) eine Chancen-Ungleichheit muß die Chancen der Benachteiligten verbessern;
b) eine besonders hohe Sparrate muß insgesamt die Last der von ihr Betroffenen mildern."

Nach Rawls sind demnach konkrete Benachteiligungen oder Ungleichheiten nur dann gerechtfertigt und zu akzeptieren, wenn durch diese Differenzen die Situation der am schlechtesten Gestellten verbessert werden kann. Eine Einschränkung persönlicher Freiheiten ist nach Rawls nur dann gerechtfertigt, wenn durch diese Maßnahme das Gesamtsystem der Grundfreiheiten nicht geschwächt wird.

Rawls führt aus, dass die beiden Grundsätze „die Zuweisung von Rechten und Pflichten und die Verteilung gesellschaftlicher und wirtschaftlicher Güter" hauptsächlich bestimmen, da sie sich auf die Grundstruktur der Gesellschaft beziehen, und zwar jeweils auf eines von zwei separaten Teilen der Sozialstruktur einer Gesellschaft: einem Teil, von dem die Grundfreiheiten festzulegen und zu sichern sind, und einem Teil, der „die gesellschaftlichen und wirtschaftlichen Ungleichheiten bestimmt und einführt." (S. 82)

(Rawls beschreibt hier im Prinzip die Idee der Gewaltenteilung. Ein Prinzip, das im Staatsaufbau der Bundesrepublik Deutschland (BRD) verwirklicht ist durch die Aufteilung der Staatsgewalt in gesetzgebende Gewalt „Legislative", der rechtsprechenden Gewalt „Judikative" sowie der vollziehenden Gewalt „Exekutive".)

Die Grundfreiheiten sind nach Rawls durch eine Liste festzulegen. Er formuliert beispielhaft die Freiheiten, die seiner Auffassung nach im Sinne des ersten Grundsatzes für jeden gelten sollten:

1. Politische Freiheit (das Recht, zu wählen und öffentliche Ämter zu bekleiden)
2. Rede- und Versammlungsfreiheit;
3. die Gewissens- und Gedankenfreiheit;
4. die persönliche Freiheit, zu der der Schutz vor psychologischer Unterdrückung und körperlicher Mißhandlung und Verstümmelung gehört (Unverletzlichkeit der Person);
5. das Recht auf persönliches Eigentum;
6. der Schutz vor willkürlicher Festnahme und Haft, wie es durch den Begriff der Gesetzesherrschaft festgelegt ist. (S. 82)

Auch hier beschreibt Rawls weitestgehend geltende Praxis, nämlich die im ersten Teil unserer Verfassung festgeschriebenen Grundrechte und Freiheiten aller Bürger und Bürgerinnen der Bundesrepublik Deutschland.

Grundsätze für den Einzelmenschen: der Grundsatz der Fairneß

Um die beiden Gerechtigkeitsgrundsätze anwenden zu können, müssen die Bürger und Bürgerinnen nach Rawls innerhalb eines Systems der Urteilsfindung agieren, innerhalb dessen drei Arten von Urteilen gefällt werden müssen

:

- „Ob die Gesetzgebung und die Gesellschaftspolitik gerecht sind". Hier entstehen Meinungsverschiedenheiten.

- „Welche Verfassungseinrichtungen zur Versöhnung gegensätzlicher Gerechtigkeitsauffassungen gerecht sind".

- Wenn die vorstehenden Fragen positiv beantwortet werden können, müssen Grundlagen und Grenzen der politischen Pflichten und Verpflichtungen bestimmt werden, wann jemand zum Beispiel an Mehrheitsentscheidungen gebunden ist und wann nicht. (S. 223/224)

Rawls setzt demnach voraus, dass, auch wenn Institutionen und Verfahren als gerecht anerkannt sind, eine kritische Beurteilung im Einzelfall erfolgen sollte. (Im Falle des einklagbaren Unterhaltsanspruchs betrifft diese kritische Beurteilung die Anspruchsgrundlage)

Für den Umgang mit den Grundsätzen der Fairneß, die im Urzustand anerkannt werden müssen, schlägt Rawls eine Reihenfolge vor, nämlich zunächst die Anerkennung der Grundsätze für die Grundstruktur der Gesellschaft und danach die Grundsätze für die Einzelmenschen. Er begründet dies damit, dass die Grundsätze für Einzelmenschen zum einen auch die Anerkennung der Grundsätze für die Gesellschaft beinhalten und zum anderen, dass die Pflichten und Verpflichtungen eines Menschen eine moralische Vorstellung von den Institutionen voraussetzen, was wiederum voraussetzt, dass diese inhaltlich definiert sein müssen. (S. 132)

Ausgehend vom praktischen Denken entwickelt Rawls einen Aufbau von Grundsätzen, die zwar nicht voneinander abgeleitet werden, für die jedoch, was ihre
Anerkennung im Urzustand angeht, eine Reihenfolge gegeben sein müsse:

1. zuerst die für die Grundstruktur der Gesellschaft,
2. dann die für Einzelmenschen,
3. dann die für das Völkerrecht.

Innerhalb dieses Aufbaus entwickelt er einzelne Elemente der Gesamtstruktur. Er
geht vom praktischen Denken aus, aus dem Werte und der Begriff des Rechten sich
ergeben. („Der Begriff des Rechten ist derselbe wie der, oder besser, ersetzbar,
durch den Begriff der Übereinstimmung mit den Grundsätzen, auf die man sich im
Urzustand für den betreffenden Gegenstand einigen würde." S. 132)
Der Begriff des „Rechten" führt demnach einmal zu sozialen Systemen und
Institutionen und deren Gerechtigkeit, danach zum Einzelmenschen und den für
diesen geltenden Erlaubnissen und Geboten, und darüber hinaus zum Völkerrecht.
Bei den allgemeinen Vorrangregeln unterscheidet Rawls institutionelle Grundsätze
und individuelle Grundsätze.(S. 130)
Unter „Erlaubnisse" für den Einzelmenschen fallen zum Beispiel Wohltätigkeit, Mut,
Erbarmen. Bei den „Geboten" unterscheidet Rawls die "natürlichen
Pflichten" (positive: wie Hilfsbereitschaft, gegenseitige Achtung etc; negative: nicht
schädigen etc.) sowie die „Verpflichtungen" (Grundsatz der Fairneß, Treue).

Die besondere Charakteristik der natürlichen Pflichten sieht Rawls in der Tatsache,
dass sie unabhängig von institutionellen Beziehungen zwischen Menschen Geltung
haben. Als die wichtigste natürliche Pflicht vom Standpunkt der Gerechtigkeitstheorie
aus bezeichnet er die Erhaltung und Förderung gerechter Institutionen (S. 368).
Als weiteres Beispiel für eine natürliche Pflicht führt er die gegenseitige Achtung an,
die sich auf unterschiedliche Weise erkennen lässt:

- „In der Bereitschaft, die Lage anderer von ihrem Standpunkt, aus der
  Sicht ihrer Vorstellung vom Guten zu sehen
- sowie Gründe für die eigenen Handlungen anzugeben, wenn die
  Interessen anderer wesentlich berührt werden. „ (S. 373)

Den Grund für die Anerkennung dieser natürlichen Pflicht sieht Rawls wie folgt:

„Obwohl die Parteien im Urzustand gegenseitig kein Interesse an ihren Interessen nehmen, wissen sie doch, daß sie in der Gesellschaft die Achtung ihrer Mitmenschen als Rückhalt brauchen. Ihre Selbstachtung und ihr Vertrauen in den Wert ihres Zielsystems ist der Gleichgültigkeit, geschweige denn der Verachtung der anderen nicht gewachsen. Jedermann hat also Vorteil vom Leben in einer Gesellschaft, in der die Pflicht der gegenseitigen Achtung erfüllt wird. Die Kosten unter dem Gesichtspunkt des Eigennutzes sind geringfügig im Vergleich zu der Stützung des Selbstwertgefühls." (S. 373)

Rawls betont mehrfach, dass eine Realisierung der Idee einer Gerechtigkeitstheorie maßgeblich davon abhängt, ob die handelnden Personen die Notwendigkeit erkennen und akzeptieren, sich den „Spielregeln" entsprechend zu verhalten, seien es soziale oder juristische. Gegenseitige Achtung und Anerkennung sind nach Rawls die Stabilitätsvoraussetzungen für ein funktionierendes Gesellschaftssystem.

(Auch beim Unterhaltsrecht hängt die Konfliktfreiheit der geregelten Beziehungen weitestgehend davon ab, dass die diese Beziehung regelnden Normen akzeptiert und als gerechtfertigt anerkannt werden.) Innerhalb dieses Gesellschaftssystems leitet Rawls die Verpflichtung - „im Unterschied zu den natürlichen Pflichten - des Einzelmenschen vom Grundsatz der Fairneß ab. (S. 133). Er führt dazu an, dass „Gebote des Fairness-Grundsatzes" „definitionsgemäß Verpflichtungen" sind und dass sie sich daraus ergeben.

Rawls führt dazu in dem auf Seite 15/16 zitierten Grundgedanken des Gebens und Nehmens aus, dass niemand die Erfolge fremder Leistungen in Anspruch nehmen darf, ohne selbst seinen fairen Teil beizutragen.
Er fährt dazu fort:

„...Für Institutionen der Grundstruktur definieren die beiden Gerechtigkeitsgrundsätze, was ein fairer Anteil ist......" (S. 133)

Rawls beschreibt also, dass in einem System kooperativer Zusammenarbeit jeder Mensch seinen Teil zum gemeinsamen Erfolg einbringen muß, um ein Anrecht an einem Teil des erwirtschafteten Ergebnisses zu erwerben,
Die Bindung an die im Rahmen der in diesem System entstehenden Pflichten/ Verpflichtungen ist nach Rawls jedoch nur insoweit gegeben, als die Institutionen als gerecht angesehen werden können, denn nach dem Fairneß-Grundsatz könne man nicht an ungerechte Institutionen gebunden sein, „jedenfalls nicht an solche, die die (noch nicht festgelegten) Grenzen tragbarer Ungerechtigkeiten überschreiten". (S. 134)

Der Fairneß-Grundsatz selbst besteht nach Rawls aus zwei Teilen:

- Er begründet die Verpflichtung, sich den Regeln einer Institution gemäß zu verhalten. Vorausgesetzt, dass diese gerecht sind, das heißt, den beiden Gerechtigkeitsgrundsätzen entsprechen.

- Dass man „freiwillig die Vorteile der Institution annimmt oder die von ihr gebotenen Möglichkeiten der Förderung seiner Interessen ausnützt." (S. 133)

Was Rawls unter Verpflichtungen versteht, beschreibt er wie folgt:

„**Verpflichtungen** unterscheiden sich in mehreren Eigenschaften von anderen moralischen Gesetzen:

1. Sie entstehen durch freiwillige Akte;
   sie können ausdrückliche oder stillschweigende Versprechen oder Übereinkünfte sein, müssen es aber nicht, wie beispielsweise das Annehmen von Vorteilen.

2. Ihr Inhalt ist stets durch Institutionen oder Gebräuche festgelegt, deren Regeln angeben, was man zu tun hat.

3. Sie bestehen gewöhnlich gegenüber bestimmten Menschen, denen nämlich, die in dem betreffenden Rahmen zusammenarbeiten."

Er führt dazu aus:

„Als Beispiel betrachten wir die politische Handlung des Kandidierens und (im Erfolgsfalle) Bekleidens eines öffentlichen Amtes in einem konstitutionellen Regierungssystem. Daraus entsteht die Verpflichtung, die Amtspflichten zu erfüllen, und diese bestimmen den Inhalt der Verpflichtung. Unter Pflichten verstehe ich hier nicht moralische Pflichten, sondern Aufgaben und Verantwortlichkeiten, die zu institutionellen Positionen gehören. Trotzdem kann jemand moralische Gründe (abgeleitet aus einem moralischen Grundsatz) zur Erfüllung dieser Pflichten haben, etwa aufgrund des Fairneß-Grundsatzes." (S.134)

Verpflichtungen ergeben sich nach Rawls „auch aus der Heirat, ebenso aus der Übernahme richterlicher, ausführender oder anderer Gewalt."
(S. 134/135)

Die von Rawls beschriebenen Verpflichtungen ergeben sich also immer aus der freiwilligen Übernahme einer konkreten Funktion innerhalb einer sozialen Einheit. Die Tatsache der Funktionsbekleidung ist demnach Voraussetzung für das Entstehen und Bestehen dieser Verpflichtung. Da die Verpflichtung also an die Funktion gebunden ist, muß sie enden, wenn die Funktion innerhalb des sozialen Gebildes aufgegeben oder beendet wird. Wenn Verpflichtungen über diese Funktions-innehabung hinaus noch nachwirken, so ist dies in der Regel immer nur dann der Fall, wenn mit dieser Funktion besondere Privilegien verbunden waren, die in der Regel mit sehr grossen ökonomischen Vorteilen verbunden sind. Wenn also ein Manager verpflichtet ist, auch nach Beendigung des Beschäftigungsverhältnisses Geschäftsgeheimnisse nicht weiterzugeben.

Im Falle der Ehe ist in diesem Sinne eine Beendigung der Partnerschaft und Aufgabe der Hausgemeinschaft identisch mit der Beendigung der gegenseitigen Ver-pflichtungen. Sollte sich eine Kompensationspflicht ergeben, so müßte ihr Umfang sich dem tatsächlichen Wert der erbrachten Leistung entsprechen. (Tatsächlich erbrachte Leistungen wären beispielsweise denkbar als Haushaltsarbeiten, Kinder betreuen oder sexuelle Beziehung)

Anders ist das im Verhältnis zwischen Kindern und Eltern und Eltern und Kindern. Hier gibt es zwei Ebenen der Beziehung: einmal die soziale (meist auch emotionale) und daneben noch die biologische. Wenn die soziale Beziehung aufgegeben wurde, bleibt die Frage, ob aus der biologischen Beziehung eine Verpflichtung entstehen kann, obwohl hier die Freiwilligkeit problematisch ist. Den Zeugungsakt selbst kann man aus der Sicht der Eltern noch als freiwilligen Akt bezeichnen (dies jedoch nur, wenn man von der ursprünglichen Triebhaftigkeit des Menschen absieht). Die Geburt aus der Sicht des Kindes jedoch schon nicht mehr. Geht man nun davon aus, dass jeder Mensch einmal unfreiwillig Mensch wurde, so sind die zwingend aus dem Menschsein sich ergebenden Folgen nur bedingt als „freiwillig" zu bezeichnen. Sie würden demnach nur schwerlich unter die von Rawls definierte „Verpflichtung" einzuordnen sein.

Der Begriff der Selbstachtung

Rawls weist immer wieder auf den Begriff der Selbstachtung hin. Er führt aus, „dass die Selbstachtung vielleicht das wichtigste Grundgut ist". Diese Selbstachtung hat nach seinen Vorstellungen zwei Seiten:

- Es gehört zu ihr „das Selbstwertgefühl, die sichere Überzeugung, dass die eigene Vorstellung vom Guten, der eigene Lebensplan, wert ist, verwirklicht zu werden."

- Ausserdem gehört dazu „ein Vertrauen in die eigene Fähigkeit, seine Absichten, soweit es einem eben möglich ist, auszuführen."
(S. 479).

Das Vorhandensein eines „vernünftigen" Lebensplanes und die Anerkennung der eigenen Person durch andere sieht Rawls dabei als die Bedingungen, die das Selbstwertgefühl unterstützen. Rawls formuliert hier einen Aristotelischen Grundsatz, dem ein vernünftiger Lebensplan entsprechen sollte: „"Unter sonst gleichen Umständen möchten die Menschen gern ihre (angeborenen oder erlernten) Fähigkeiten einsetzen, und ihre Befriedigung ist desto größer, je besser entwickelt oder je komplizierter die beanspruchte Fähigkeit ist" (S. 464). Die Anwendung dieses Grundsatzes bezieht sich nach Rawls immer auf einen „bestimmten Menschen", auf dessen individuelle Eigenschaften und auf dessen spezielle Situation. Dabei reiche es aus, innerhalb der Gruppe, zu der man gehört, anerkannt zu werden.
Rawls weist darauf hin, dass jemand, der mit sich selbst zufrieden ist, auch eher die Fähigkeit entwickelt, anderen Anerkennung zu zollen.

Im Zusammenhang mit dem Thema „Unterhalt" ist dabei anzumerken: Wenn ein Mensch – ob gezwungen oder ohne Notwendigkeit – einen anderen Menschen auf Unterhalt verklagt, bedeutet dies, dass er die Folgekosten zur Befriedigung seiner Grundbedürfnisse von jemand anderem erstattet haben möchte. Das heißt, dass er oder sie nicht selbst dafür aufkommen kann oder will. In beiden Fällen kann kaum von einer vernünftigen Lebensplanung gesprochen werden. Auch wenn der Klage entsprochen wird, so ändert dies nichts an der Tatsache, dass einerseits der Anspruch keine Kompensation für besondere – angeborene oder erlernte – und dem Gegenüber zur Verfügung gestellte Fähigkeiten darstellt. Andererseits wird der Erfolg der Klage kaum zu einer besonderen Anerkennung innerhalb der eigenen sozialen Einheit führen. Eine Klage auf Unterhalt ist im Gegenteil die öffentliche Demonstration der Tatsache, keinen eigenen vernünftigen Lebensplan zu haben. Es ist die Zurschaustellung der traurigen Realität, mit den eigenen Fähigkeiten und Möglichkeiten das eigene Leben nicht nach den eigenen Vorstellungen führen zu können; mit anderen Worten: eine öffentliche Bankrotterklärung.

Die geltende Rechtslage verleitet Menschen dazu, in bestimmten Phasen des Lebens Entscheidungen zu treffen, die zu einer falschen und nur noch schwer reversiblen Lebensplanung führen. Als Folge davon sind diese Menschen in einer späteren Lebensphase und einer veränderten Lebenssituation häufig gezwungen, in einer die persönliche Würde verletzenden Weise einen Mitmenschen für die Übernahme der Kosten für die eigene Lebenshaltung in Anspruch zu nehmen, also eine Unterhaltsklage anzustrengen.

Bezogen auf den Einzelmenschen kann die Theorie der Gerechtigkeit als Fairneß, so wie Rawls sie formuliert, wie folgt zusammengefaßt werden: Jedem Menschen soll die grösstmögliche Freiheit zustehen, die im einzelnen formuliert und definiert werden muß. Daneben sollen Rahmenbedingungen gegeben sein, die jedem die gerechte Chance bieten, seinen Fähigkeiten entsprechende Möglichkeiten zur Entfaltung ergreifen zu können. Diesen Ansprüchen gegenüber muß eine Struktur von Pflichten und Verpflichtungen stehen, innerhalb derer jeder Mensch nach besten Kräften sowohl zur Sicherung seiner eigenen Bedürfnisbefriedigung als auch zum Wohl der Gemeinschaft seinen Beitrag leisten muß.

Hierbei ist ein wichtiger Gesichtspunkt, dass es sich auch bei den Parteien der gedachten Ursituation um Personen handelt, für die - auch hinter dem dichtesten Schleier des Nichtwissens und über alle Zufälligkeiten der Natur oder über die gesellschaftlichen Umstände hinaus - von der Situation unabhängige Parameter im Sein des Individuums gelten. Hierzu gehört unter anderem auch die Zugehörigkeit zu einem Geschlecht. Neben der chromosomalen gibt es eben auch die soziale Geschlechtsdetermination, von der im Sinne einer Arterhaltung der Anspruch auf Rahmenbedingungen abzuleiten ist. Diese müssen sicherstellen, den geschlechtsspezifischen Aufgaben unter Wahrung der Selbstachtung gerecht werden zu können. Es handelt sich um eine von der Natur dem Menschen vorgegebene Verpflichtung, aus der als Kompensation auch ein Grundrecht auf adäquate Rücksichtnahme abzuleiten ist. Dieses Verhältnis von sich aus der Geschlechtszugehörigkeit ergebenen Verpflichtung und dem Recht auf dieser entsprechenden Rücksichtnahme ist unabhängig sowohl vom Wandel der Wertigkeit sozialer Institutionen als auch von kulturellen Besonderheiten.

Unter diesem Gesichtspunkt ist eine Institution demnach nur dann als „gerecht" zu bezeichnen, wenn sie

- jedem Menschen einen „vernünftigen" Lebensplan nicht nur ermöglicht, sondern ihn auch durch Vorgaben dazu zwingt, also Rahmenbedingungen schafft, seine Fähigkeiten zu verwirklichen und damit Anerkennung bei anderen zu finden;

- und dabei die kosmische geschlechtsspezifische Zugehörigkeit berücksichtigt.

Im Blick auf Unterhaltsregelungen ist demnach zu untersuchen, welche Grundrechte nach dem geltenden Recht tangiert sind und welche möglicherweise verletzt werden und ob diese Verletzung unter dem Gedanken von John Rawls' beiden Grundsätzen zu akzeptieren sind.

2.1.2 Robert Nozick und die Gerechtigkeit bei den Besitztümern

Die folgenden Ausführungen beziehen sich ausschliesslich auf Robert Nozicks Buch Anarchie Staat Utopia, Deutsche Übersetzung mvg – Moderne Verlags Gesellschaft (ohne Jahreszahl), (Titel der Originalausgabe: Anarchy, State and Utopie, by Basic Books, New York). Alle Zitate sind aus diesem Werk.

Die Darstellung der inhaltlichen Strukturen sowie die Auswahl der zitierten Textstellen erfolgte selektiv unter dem Gesichtspunkt ihres inhaltlichen Bezugs zum einklagbaren Rechtsanspruch auf Unterhalt.

Auch Nozick strukturiert seine Ausführungen in drei Teile:

- „In Teil 1 (S. 17 bis 141)

  wird der Minimalstaat gerechtfertigt ;

- in Teil 2 (S. 141 bis 269)

  wird behauptet, dass sich kein weitergehender Staat rechtfertigen lässt und

- im Teil 3 (S. 269 bis 305)

  wendet er sich mit der Überschrift „Utopie" der Gesellschaftstheorie zu, um

  aufzuzeigen, warum der Minimalstaat „die einzige Staatsform ist, die sich

  rechtfertigen läßt,.." (S. 13).

Nozick gehört zu den Kritikern der in der Gerechtigkeitstheorie von Rawls formulierten Verteilungsvorstellungen. Er betont zwar, dass Rawls' „Eine Theorie der Gerechtigkeit" ein „gehaltvolles, tiefes, feinsinniges, weitgespanntes, systematisches Werk der Philosophie der Politik und der Moralphilosophie" ist (S. 170). In seinem 1974 veröffentlichten oben näher bezeichneten Werk entwickelt er jedoch ein Gegenmodell zu Rawls' Theorien der Verteilungsgerechtigkeit und stellt diesen eine Anspruchstheorie gegenüber. Dabei plädiert er für so wenig Staat wie möglich (Minimalstaat, Nachtwächterstaat) und für weitestgehende Handlungsfreiheit und damit Selbstverantwortung der Menschen.

Staatliche Funktionen sieht er nur in streng eingegrenzten Bereichen berechtigt, wie Schutz gegen Gewalt, Diebstahl, Betrug oder zur Durchsetzung von Verträgen. Er begründet dies damit, dass jeder Person unveräußerliche moralische Rechte zustehen. Ein Staat, der über die Minimalfunktionen hinausgehe, stelle eine Verletzung dieser Rechte dar (S. 11).

Interessanterweise stellen sowohl Rawls als auch Nozick den Begriff der Freiheit in den Mittelpunkt ihrer Überlegungen. Sie – die Freiheit - dient sozusagen als Ausgangspunkt, von wo aus jedoch völlig unterschiedliche Wege gegangen und damit andere Ziele erreicht werden.

Bei Rawls ist die Freiheit des Einzelnen etwas, was als Hintergrundmuster oder Rahmenvorgabe, als Grundwert sozusagen, existiert. Dieser darf bei allen Regelungsschritten, etwa nach dem zweiten Grundsatz, nicht verletzt werden. Wenn der Grundsatz der Freiheit verletzt wird, dann nur, um die größtmögliche Freiheit aller nicht zu gefährden. Bei Rawls ist die Freiheit des Einzelnen auch immer die Freiheit anderer, die respektiert werden muss.

Bei Nozick scheint die Freiheit des Einzelnen aber das Programm an sich zu sein, das weitestgehend umgesetzt werden sollte. Er sieht zwar freiheitliche (moralische) Nebenbedingungen, die beispielsweise „körperliche Übergriffe gegen andere verbieten" (S. 44). Sie spiegeln jedoch nach Nozick lediglich die „Selbständigkeit individueller Existenz wider". Er betont, dass es zwischen den Menschen keinen Ausgleich geben kann. Dass also ein Leben nicht durch ein anders aufgewogen werden darf, um ein größeres Gemeinwohl zu erreichen. Sein Grundgedanke besteht darin, dass es „verschiedene Einzelmenschen mit einem je selbständigen Leben gibt". (S. 44)

Im Blick auf den Anspruch auf Unterhalt sind jedoch beide Auslegungen der „Freiheit" tangiert. Ob nun nach Rawls die eigene Freiheit endet, wo die des anderen Menschen anfängt, oder ob ich kein Recht habe, Vermögen zu beanspruchen, das ein anderer rechtlich korrekt erarbeitet hat. Beide Gesichtspunkte verbieten den Anspruch auf Unterhalt in dem dieser Arbeit zugrundeliegenden Sinn, nämlich zwischen zwei erwachsenen Personen.

Im Blick auf die Verteilung von Gütern innerhalb einer Gemeinschaft entwickelt Nozick in Kapitel 7 „Verteilungsgerechtigkeit" eine Anspruchstheorie (S. 144 ff). Hierbei unterscheidet er zwischen historischen und ergebnisorientierten Grundsätzen. Bei seiner Anspruchstheorie betrachtet er die Gerechtigkeit bei Besitztümern unter einem vergangenheitsbezogenen Ansatz. Er grenzt seine Anspruchtheorie dabei ab von einer Ergebnistheorie, für die zeitpunktorientiert nur die Verhältnisse zum betrachteten Zeitpunkt relevant sind, und einer Mustertheorie, bei der der Verteilung ein Muster natürlicher Kriterien zugrundeliegt, wie beispielsweise Nützlichkeit für die Gesellschaft oder moralische Verdienste. (S. 149)

Nozick unterstellt, dass die meisten Menschen sich naiverweise beim Hören des Ausdrucks „Verteilung" eine zentrale Stelle vorstellen, die die Güterverteilung und damit ein Endergebnis verwirklicht. Dies sei jedoch nicht so. Das Endergebnis entsteht nach Nozick aus vielen Einzelentscheidungen, „zu denen die jeweiligen einzelnen berechtigt sind." (S. 143)

Die Frage der „Gerechtigkeit bei den Besitztümern" besteht nach Nozick aus drei Kernbereichen:

1. Der ursprüngliche Erwerb von Besitz
   = Grundsatz der gerechten Aneignung,

2. Die Übertragung von Besitztümern von einer Person auf eine andere
   = Grundsatz der gerechten Übertragung

3. Die Berichtigung ungerechter Besitzverhältnisse
   = Grundsatz der Berichtigung ungerechter Besitzverhältnisse

Aus diesen Grundsätzen leitet Nozick eine Anspruchsberechtigung und damit die Gerechtigkeit bei Besitztümern wie folgt ab:

1. „Wer ein Besitztum im Einklang mit dem Grundsatz der gerechten Aneignung
   erwirbt, hat Anspruch auf dieses Besitztum."

2. „Wer ein Besitztum im Einklang mit dem Grundsatz der gerechten Übertragung von jemandem erwirbt, der Anspruch auf das Besitztum hat, der hat
   Anspruch auf das Besitztum."

3. „Ansprüche auf Besitztümer entstehen lediglich durch (wiederholte)
   Anwendung der Regeln 1 und 2."
   (S. 144)

Das bedeutet: Nozick sieht keinerlei „Gerechtigkeitsproblem", sofern der Besitz in
Übereinstimmung mit diesen Regeln angeeignet oder erworben wurde.
Unterschiedliche Chancen auf eine legale Aneignung oder einen legalen Erwerb,
oder die Gerechtigkeit von Vorschriften, die einen legalen Erwerb ermöglichen oder
nicht, spielen bei Nozick keine Rolle. Gerecht und berechtigt sind nach Nozick immer
die Personen, die sich im Rahmen von Gesetzen bewegen.
Er verallgemeinert diesen Gedanken mit seiner Aussage, dass die Gesamtmenge
(die Verteilung) der Besitztümer dann gerecht ist, wenn der Besitz jedes einzelnen
gerecht sei, und dies sei der Fall, wenn der einzelne im Sinne der vorstehenden
Grundsätze einen Anspruch auf ihn – den Besitz - hat (S. 146).

Unter der Überschrift „Umverteilung und Eigentumsrechte" geht Nozick auf die
Situation zwischen Gebenden und Nehmenden näher ein (S. 157 ff). Er beanstandet,
dass die Verfechter struktureller Grundsätze (Endergebnis- oder Endzustands-
Grundsätze nennt er sie) sich darauf konzentrieren, wer Güter erhalten soll und
warum. Dabei würden die Rechte der Gebenden insofern vernachlässigt, als das
Hauptaugenmerk auf die Empfängerseite gerichtet ist. Er weist darauf hin, dass
diskutiert wird, „ob es ein Recht gibt (geben sollte), ein Erbe zu empfangen, aber
nicht darauf, ob es ein Recht gibt (geben sollte), anderen etwas zu vererben, oder ob
jemand, der das Recht auf Besitz hat, auch das Recht hat, diesen anderen zu
übertragen" (S. 158).

Strukturelle Grundsätze der Verteilungsgerechtigkeit machen nach Nozick eine Umverteilung erst erforderlich, da ihnen eine nicht wirklich frei zustandegekommene Besitzverteilung zugrundeliegt. Vom Standpunkt der Anspruchstheorie jedoch sei Umverteilung sehr problematisch, da damit immer auch die Rechte von Menschen verletzt würden. (S. 159).

Nach Nozick ist jede Besteuerung eines Arbeitsverdienstes mit Zwangsarbeit gleichzusetzen. Wer zusätzliche Konsumgüter einer größeren Freizeit vorziehe, müsse dafür länger arbeiten. Wer sich seine eigenen Vorstellungen über einen gehobenen Lebensstandard erfüllen möchte, muss entsprechend über eigene Arbeitsleistung für Einkommen sorgen. Wenn nun auf dieses Arbeitseinkommen Abgaben zu entrichten sind, muss mehr gearbeitet werden, um den gleichen gewünschten Effekt zu erhalten.

Nozick führt dazu aus:

„Werden Endergebnis-Grundsätze der Verteilungsgerechtigkeit in die Gesetzgebung einer Gesellschaft eingebaut, **so verleihen sie (wie die meisten strukturellen Grundsätze) jedem Bürger ein einklagbares Recht auf einen gewissen Teil des gesamten Sozialprodukts;** d.h., auf einen gewissen Teil der Gesamtsumme der einzelnen und gemeinsam erstellten Produkte. Dieses Gesamtprodukt wird von Menschen erstellt, die arbeiten, Produktionsmittel verwenden, für die andere gespart haben, von Menschen, die die Produktion organisieren oder neue Produkte oder Produktions- weisen erfinden. **Auf diese Tätigkeiten einzelner verleihen strukturelle Verteilungsgrundsätze jedem Menschen einen einklagbaren Anspruch. Jedermann hat einen Anspruch auf die Tätigkeiten und Erzeugnisse anderer, unabhängig davon, ob die anderen bestimmte Be- ziehungen eingehen, aus denen sich die Anspruch ergeben würden, und unabhängig davon, ob sie diese Ansprüche freiwillig anerkennen, sei es als Spende oder im Rahmen eines Austauschs....**"(S. 161)
„ -strukturelle Grundsätze der Verteilungsgerechtigkeit **legen die Hand auf die Tätigkeit anderer Menschen. Nimmt man jemandem die Früchte seiner Arbeit weg, so ist das gleichbedeutend damit, dass man ihm Stunden wegnimmt und von ihm bestimmte Tätigkeiten verlangt.** Wenn jemand gezwungen wird, eine Zeitlang eine bestimmte Arbeit oder unentgeltliche Arbeit zu leisten, so wird unabhängig von seinem Willen darüber entschieden, was er tun muss und für welche Zwecke er arbeiten muss. **Dadurch werden die anderen zu Teileigentümern des Betroffenen; sie erlangen ein Eigentumsrecht über ihn,** ganz wie eine solche teilweise Entscheidungsgewalt von Rechts wegen über ein Tier oder eine Sache ein Eigentumsrecht an ihm oder ihr bedeuten würde. (S. 162)
Endzustands-Grundsätze und die meisten strukturierten Grundsätze der Verteilungsge- rechtigkeit errichten ein (Teil-) Eigentum von Menschen an Menschen und ihrer Tätigkeit und Arbeit. Diese Grundsätze führen von der klassisch-liberalen Vorstellung des Eigentums des Menschen an sich selbst weg zu einer Vorstellung von (Teil-)Eigentumsrechten an anderen Menschen. (S. 162)

Endergebnis-Grundsätze (Verteilungsgerechtigkeit) regeln demnach nach Nozick den Anspruch, den jeder Teilnehmer oder jede Teilnehmerin am Gemeinwesen auf seinen Anteil am erwirtschafteten Gesamtergebnis hat. Da das Gesamtergebnis die Summe der Leistungen aller wirtschaftlich Tätigen darstellt, ergibt sich damit ein einklagbarer Anspruch auf die erbrachte Teilleistung Einzelner. Nozick stellt dies so dar, als ob es einen bilateralen Zusammenhang zwischen Anspruch und Leistung gibt. Das ist deshalb von seiner Seite aus logisch, weil er für einen Minimalstaat plädiert, der ja lediglich eine Art Drehscheibe für Erwirtschaftetes ist, selbst aber keine eigenen Leistungen in das System einbringt.

Er betrachtet die Abgabe auf Arbeitseinkommen – die Steuer also - unabhängig davon, wofür diese Abgabe entrichtet wird. Jede Steuer ist nach diesem Gedanken ein Stück Lebenszeit, ein Stück Lebenskraft, die jemandem unfreiwillig weggenommen wird und die sozusagen ungekürzt an die Anspruchsberechtigten weitergegeben wird. Diese Betrachtungsweise lässt unberücksichtigt, dass das Gemeinwesen dem Einzelnen durch entsprechende Rahmenbedingungen, zum Beispiel durch entsprechende Bildungssysteme, durch Infrastruktur oder Absatzmärkte etc., die Möglichkeit eines zu verteilenden Arbeitsergebnisses erst einräumt.

Zusammenfassend kann gesagt werden, dass Nozick zwar einerseits für einen Minimalstaat plädiert. Andererseits aber macht er die Rechtmäßigkeit von Besitz von den Grundsätzen der legalen Aneignung und Übertragung oder der Berichtigung ungerechter Besitzverhältnisse abhängig. Die Durchsetzung und Kontrolle dieser Grundsätze setzt eine Gemeinschaftsform voraus, in der zur Ausübung der Staatsgewalt in diesem Zusammenhang alle Institutionen eines Rechtsstaates vorhanden sein müssen, nämlich die breite Palette der Einrichtungen der Legislative, der Judikative aber auch der Exekutive. Die Fragen, ob und wann eine Aneignung gerecht ist, ob eine gerechte Übertragung vorliegt oder nicht und ob und wann Korrekturen erforderlich sind, setzen zur Beantwortung auf der einen Seite unzählige umfangreiche Gesetzesnormen und auf der anderen Seite zur Überprüfung des Einzelfalls ebenso umfangreiche juristische und verwaltungstechnische Einrichtungen voraus. Für die betreffenden Kriterien müssen spezielle Normen gelten und es müssen Verfahren für den Überprüfungsvorgang - ebenfalls normiert - entwickelt werden. Die Normen aber können nur von Institutionen festgelegt werden, die selbst wieder Normen unterworfen sind.

Nozick beanstandet, dass bei strukturellen Grundsätzen über Verteilungsgerechtigkeit überwiegend die Empfangsgerechtigkeit diskutiert wird, nicht die Posititon des Gebenden. Im Blick auf die von ihm aufgestellten Grundsätze insbesondere einer gerechten Übertragung setzt dies jedoch voraus, dass es

Gebende und Nehmende gibt. Ohne diese Gegenseitigkeit könnte es nicht zu einer gerechten Übertragung kommen.

Beim Gedanken der Umverteilung über Abgaben vom Eigentum macht es einen großen Unterschied, ob diese als Steuer an das Gemeinwesen abgeführt wird, oder als Unterhaltszahlung an ein anderes Individuum. Die Abgabe an das Gemeinwesen ist insofern berechtigt, als dieses Gemeinwesen eine direkte Gegenleistung erbringt. Das sind, wie oben bereits erwähnt, unter anderem lebensnotwendige Infrastruktur, Bildungs- und Gesundheitssysteme, Sicherung der Grundbedürfnisse oder auch ein Wirtschaftssystem mit der Möglichkeit der Arbeitsplatzvermittlung. Hier tritt der Verpflichtete Lebenszeit und Arbeitskraft für Dinge ab, die im Gegenzug eine persönliche Entfaltung ermöglichen und damit eine Entlastung darstellen. In diesem Zusammenhang bezieht sich der Begriff der Solidarität auf das Gemeinwesen, dessen Dienste in verschiedenen Zusammenhängen des Lebens in Anspruch genommen werden können und auch müssen. Auch der von Nozick betrachtete einklagbare Anspruch des Einzelnen auf einen Teil des erwirtschafteten Vermögens und damit auf einen Teil der Arbeitskraft Anderer ist insofern gerechtfertigt, als an diesem Verteilungssystem alle teilnehmen und auch profitieren.

Elementar anders ist dies beim einklagbaren individuellen Anspruch auf Abgabe eines Teils eines erarbeiteten Vermögens einer Person auf eine klagende andere Person, die am ursprünglichen Erwerb nicht beteiligt war. Hier ist die Frage von zentraler Bedeutung, welcher Solidaritätsgedanke eine Rolle spielt, wofür die Abgabe ist und welche Gegenleistung zugrundeliegen könnte. Wenn hier gegen den Willen der Verpflichteten ohne tatsächliche Gegenleistung über den Anspruch auf Zahlung eines Teils des erarbeiteten Einkommens ein einklagbares Recht auf die Lebenszeit einer anderen Person entsteht und damit ein Teileigentumsanspruch an dieser Person gegeben ist, so ist dies mit dieser Theorie der Gerechtigkeit nicht vereinbar.

2.1.3 Ottfried Höffe und die soziale Gerechtigkeit als Tausch

Diese Ausführungen beziehen sich ausschließlich auf das Werk von Ottfried Höffe, Vernunft und Recht, Bausteine zu einem interkulturellen Rechtsdiskurs, 2. Auflage – Frankfurt am Main, Suhrkamp, 1998 (Suhrkamp-Taschenbuch Wissenschaft; 1270). Alle Zitate Höffes sind aus diesem Werk.

Für die Untersuchung im Zusammenhang mit der Frage der Berechtigung von Unterhaltszahlungen stelle ich den Abschnitt 9. Soziale Gerechtigkeit als Tausch (S. 202 – 220) in den Mittelpunkt der Betrachtungen.

Die Darstellung der inhaltlichen Strukturen sowie die Auswahl der zitierten Textstellen erfolgte selektiv unter dem Gesichtspunkt ihres inhaltlichen Bezugs zum einklagbaren Rechtsanspruch auf Unterhalt.

Höffe gliedert seine Betrachtung in einen

- ersten Teil: „Grundlagen" (S. 19 – 189)
  mit den Unterabschnitten „Vernunft im Recht", „Menschenrechte", „Christentum und Menschenrechte", „Eine Weltrepublik als Minimalstaat", „Nur Hermeneutik der Demokratie?" sowie „Zum Kommunitarismus" und einen

- zweiten Teil „Aktuelle Fragen" (S. 189 – 280)
  mit den Unterabschnitten „Abschied vom Staat?", „Soziale Gerechtigkeit als Tausch", „Subsidiarität als Staatsprinzip", „Zwei Gesellschaftsverträge für Europa: dreizehn Thesen" sowie „Wieviel Politik ist dem Verfassungsgericht erlaubt?".

Höffe leitet seine Überlegungen ein mit einer ersten Grundfrage: „Ist es gleichgültig, ob die Menschen ihr Zusammenleben rechtsförmig organisieren oder aber auf die Rechtsform verzichten?" (S. 9) Er ergänzt diese Überlegung durch eine zweite Frage: „Gibt es ein Recht, die im Westen vorherrschende Rechtsform, den demokratischen Verfassungsstaat, anderen Kulturen anzudienen, sogar die Anerkennung einzu- fordern, oder besteht nicht die Gefahr, daß man auf subtilere Weise fortsetzt, was im Prinzip längst geächtet ist, einen Kulturimperialismus?" Um diese Fragen zu beantworten sieht er die Notwendigkeit eines interkulturellen Rechtsdiskurses. (S. 13)

Höffe äußert in diesem Zusammenhang einen systematisch ersten Gedanken einer Rechts- und Staatsethik wie folgt: „Welche kollektive Einsicht spricht sich in der Rechtsform des Zusammenlebens und in den in der Geschichte durchlaufenden Rechtsthemen aus?" Er formuliert weiter die Hypothese: „Daß der Mensch sein Zusammenleben allerorten rechtsförmig gestaltet, ist Ausdruck der praktischen bzw. sozialen Vernunft".(S. 11).

Er stellt also über seinen interkulturellen Rechtsdiskurs die „soziale Vernunft" als Leitbegriff. Da er das Entstehen der Rechtsförmigkeit des Zusammenlebens als Ausdruck einer praktischen beziehungsweise sozialen Vernunft sieht, folgert er daraus, dass eine Untersuchung von Rechtsnormen, die er als eine Form der Vergesellschaftung bezeichnet, sich immer sowohl auf anthropologische Zusammenhänge als auch auf Inhalte der Sozialphilosophie beziehen muss.

Bei den Betrachtungen der Vernunft im Recht sieht Höffe „ein Zusammenspiel von vier Disziplinen, die sich in der Regel wechselseitig ignorieren". Er schlägt deshalb vor, die Inhalte folgender Disziplinen zu verknüpfen:

1. Einer Rechtsanthropologie
2. mit einer Rechtsethik, sowie
3. einer (analytischen bzw. konzeptuellen) Rechtstheorie und
4. einer Sozialphilosophie.

Aus diesem Zusammenspiel entsteht nach Höffe eine weitgehend neue Disziplin **„eine normative Sozialphilosophie".** (S. 12)

Zur sozialen Vernunft gehört nach Höffe ebenso die Aufgabe, das positive Recht permanent zu bewerten und zu kritisieren. Allerdings dürfte diese kritische Betrachtung der durchlaufenden Rechtsgebiete sich nicht nur auf rechtstheoretische Fragestellungen und soziale Gegebenheiten oder auf anthropologische und ethische Zusammenhänge beschränken, sondern müsse deren Anpassung an veränderte gesellschaftspolitische Bedingungen einbeziehen.

Höffe regt dazu wie oben bereits erwähnt an, bei der Suche nach der „sozialen Vernunft" im Recht Zweige der Wissenschaft, deren Themenschwerpunkte in der Regel getrennt voneinander behandelt werden, inhaltlich zu verknüpfen.

Dieser Ansatz ist für eine Untersuchung der ethischen Probleme und der Legitimation eines einklagbaren Rechtsanspruchs auf Unterhalt geeignet. Die vorliegende Untersuchung dieses Rechtsanspruchs kann daher in die von Höffe benannte Disziplin einer normativen Sozialphilosophie eingeordnet werden.

Höffe kommt weiter zu der Einschätzung, dass es durchaus das gibt, was man eine „Natur des Menschen" nennt, die zwar „in einer so gut wie unbegrenzten Variabilität zu liegen" scheint, sich aber auf das Wagnis eines „Leben ohne Recht" zumindest für längere Zeit nicht einlässt (S. 10). Von einer gewissen Entwicklungshöhe an sieht er das „Zusammenleben rechtsförmig, zumindest rechtsanalog" in fast allen Kulturen organisiert.

Auch, was die betroffenen Sachgebiete innerhalb des Rechtsaufbaus angeht, sieht Höffe sehr früh Bereiche geregelt, wie Strafrecht und Zivilrecht. Innerhalb dieser Bereiche gebe es viele durchlaufende Rechtsthemen, im „Zivilrecht zum Beispiel das Ehe- und Familienrecht einschließlich Erbrecht, ferner Vertrags- und Handelsrecht".

Am Beispiel von John Rawls glaubt Höffe zu erkennen, dass sich die neuere Rechts- und Staatsethik auf die Rechtsform der Moderne zu beschränken und dabei den „anthropologischen Rang der Rechtsform des Sozialen" zu vernachlässigen scheint. Er führt hierzu aus: Rawls „sucht ausdrücklich keine Gerechtigkeitskonzeption, die für alle Gesellschaften unabhängig von ihren sozialen und historischen Umständen angemessen sei." Hier werde die oben zitierte systematisch erste Frage einer Rechts- und Staatsethik nach der kollektiven Einsicht, die sich in der Rechtsform des Zusammenlebens und in den durchlaufenden Rechtsthemen ausdrückt, ausgeblendet. (S. 11)

Mit anderen Worten, Höffe meint bei Rawls ein Defizit darin zu erkennen, indem dieser in seiner Theorie der Gerechtigkeit die historisch-anthropologische Dimension auszublenden scheine. Rawls mache also keine Ursachen- beziehungsweise

Zusammenhangsforschung, sondern gehe von einer gegebenen Situation aus, die analysiert und strukturiert werde.

Tatsächlich aber scheint es so, dass Rawls in seiner Gerechtigkeitstheorie einen Kanon von Mindestanforderungen an alle Rechtssysteme formuliert. Diese sollen daran im Blick Rechtsstaatlichkeit und Verteilungsgerechtigkeit gemessen werden, und zwar unabhängig zu welcher Zeit sie in Kraft und an welchem Ort sie installiert sind und Anwendung finden.

Im Zweiten Teil: Aktuelle Fragen, schlägt Höffe unter 9. „Soziale Gerechtigkeit als Tausch" einen anderen Ansatz vor, nämlich ein seiner Meinung nach für einen interkulturellen Diskurs besonders geeignetes Paradigma der „sozialen Gerechtigkeit" (S. 204).
Den Kern der neuzeitlichen Debatte über Gerechtigkeit sieht Höffe in der Verteilungsgerechtigkeit. Dies sei auch bei Rawls der Fall. Dabei werde der Aspekt ausgeklammert, woher das zu Verteilende kommt. Er schreibt dazu: „Nach dem bislang vorherrschenden Paradigma verdankt sich das zu Verteilende einer zwar nicht machtmäßig, aber produktiv überlegenen Instanz." Die Diskussion drehe sich dabei um das Verhältnis zwischen erbrachter Leistung und dem Anteil, den man an dem erzielten Mehrwert habe. (S. 204)

Zur sozialen Gerechtigkeit im engeren Sinne gehören nach Höffe drei Merkmale, die auch bei der ethischen Dimension beim einklagbaren Unterhalt betroffen sind:

1. Dass eine soziale Verbindlichkeit vorliegt,
2. die einen moralischen Rang hat,
3. wobei ihre Anerkennung – im Unterschied zu Haltungen wie Wohlwollen und Großzügigkeit, wie Sympathie und Mitleid – geschuldet ist.

An das Merkmal des Geschuldeten schließen sich für Höffe drei Fragen an:

1. Wem schuldet man eine Lösung der sozialen Frage?
2. Was und wieviel schuldet man ihm?
3. Wer steht in der Schuld?

Drei Elemente sind demnach zu bestimmen: Gläubiger, Schuldner und Inhalt der Schuld. Höffe fährt fort: „Vorab sei jedoch die Frage zu klären, wieso die Lösung überhaupt geschuldet ist; die philosophische Hauptfrage richtet sich auf den Grund der Verpflichtung." (S. 204)

Zur Beantwortung der vorstehenden Fragen sieht Höffe, neben dem Muster der Verteilungsgerechtigkeit, ein anderes Muster sozialer Beziehungen als einschlägig an, nämlich das des Tausches. (S. 205) Er entwickelt innerhalb des Abschnittes „Aktuelle Fragen" die **Theorie „Soziale Gerechtigkeit als Tausch".** (S. 202 ff)
Er führt aus, dass im Gegensatz zu den kontroversen Auseinandersetzungen über die Kriterien der Verteilungsgerechtigkeit über das Kriterium der Tauschgerechtigkeit Einigkeit besteht, vorausgesetzt, das Prinzip der Äquivalenz des Wertes der zu tauschenden Waren oder Dienstleistungen sei gewährleistet. Dort, wo die Gleichwertigkeit des Tauschgutes ungewiss ist, sollte zumindest ein wechselseitiger Nutzen gegeben sein. (S. 205)
Höffe wendet hier allerdings einen in verschiedener Hinsicht differenzierten Tauschbegriff an, der sowohl eine Phasenverschiebung berücksichtigt als auch über den Gedanken „wer immer nur dem gibt, von dem er erhalten hat, und nur so viel, wie er gerade empfangen hat" hinausgeht. Daneben unterscheidet Höffe noch den Tausch im engeren positiven Sinne, der sich auf Waren, Dienstleistungen und Geld, aber auch auf „Gesänge, Geschichten, Gedanken und in Form von Heiratsverträgen selbst auf Personen" bezieht. Außerdem können nach Höffe auch negative Leistungen getauscht werden, beispielsweise Gewaltverzichte. (S. 206)

Aus den beiden Alternativen positiv-negativ und synchron-diachron entwickelt er vier Kombinationen des Tauschgedankens:

1. positiv synchron
2. negativ synchron
3. positiv diachron
4. und negativ diachron. (S. 206)

Höffe führt aus, dass einerseits die Sozialverhältnisse komplizierter geworden sind und andererseits die Eltern nicht weiter vom Gnadenerweis der Kinder abhängig sein sollen. Daher wurde der „Familien-Vertrag" längst zu einem „Generationen-Vertrag" erweitert. Höffes Argumentationsmuster heißt jetzt: „Ethik plus Anthropologie plus Sozialgeschichte".(S. 211)

Er entwickelt dieses Argumentationsmuster wie folgt:
Die Familie, auch die Grossfamilie, bezeichnet er als Primärinstitution; den Staat, das politische Gemeinwesen, als Institution zweiter Ordnung. Diese Institution zweiter Ordnung aber sei die Instanz, die heute weitestgehend für die soziale Gerechtigkeit verantwortlich ist, wobei dieser „Staat, grundsätzlich gesehen, nur zu sekundären und subsidiären Leistungen fähig ist.", die ausnahmslos Leistungen der „Rechtsgenossen bzw. Bürger" voraussetzen. Der Staat ist danach die Stelle, die die Leistungen der Bürgerinnen und Bürger verwaltet und verteilt.
Höffe fährt dazu fort: „Während jeder Verteilung ein asymmetrischer, ein maternalistischer oder paternalistischer Charakter anhaftet, besteht das Grundmuster der Kooperation unter Gleichen in der Wechselseitigkeit oder, pars pro toto, dem Tausch." (S. 205).

Höffe entwickelt in Folge dieser Überlegungen die Idee des Tausches, die er am Beispiel einer klassischen sozialen Aufgabe, der „Sorge für die ältere Generation" erläutert. Da jeder Mensch hilflos auf die Welt komme und im Alter wieder hilflos werde, habe die mittlere Generation als Leistungsträger ein Interesse daran, ihre Macht nicht zu mißbrauchen, um selbst als Hilflose nicht auch Gewalt zu erfahren. In der Fortentwicklung der Sozialverhältnisse - teils auch, weil die Eltern nicht weiterhin so abhängig von ihren Kindern sein wollten – ist, wie oben schon erwähnt, der ursprüngliche „Familien-Vertrag" schon seit längerem zu einem Generationenvertrag erweitert worden. Die Institution zweiter Ordnung – der Staat - koordiniert nicht nur die Primärinstitution – die Familie -, sie hat diese auch in ihren Eigenrechten beschnitten. Diese Entwicklung führt zwar einerseits zu einer Entlastung der Familie, sie bedeutet aber auch Machtverlust und damit Autoritätsverlust. (S. 211).

Höffe führt dazu aus:

„Das tauschtheoretische Prinzip, die (ungefähre) Gleichwertigkeit des Nehmens und Gebens, gebietet nun, dem Gemeinwesen für die Entmachtung „Entschädigungen" zu leisten, indem es jene Aufgaben übernimmt, die die Primärinstitution wegen ihrer Entmachtung entweder gar nicht mehr oder nur noch unzureichend erfüllen kann." [...]
Nach diesem Argumentationsmuster ist ein großer Teil der Sozialstaatsaufgaben [...], im Begriff „Daseinsvorsorge" zusammengefaßt, eine Kompensationspflicht und Auffangverantwortung." (S. 211).

Als „Entschädigungen" können hier die staatlicherseits geregelten Sicherungs- und Versorgungsbereiche, wie zum Beispiel Altersvorsorge, Krankenversicherung und Gesundheitssystem insgesamt, aber auch Sicherstellung von Schulbildung für die Kinder, von Versorgung mit Wasser, Strom, Wohnraum etc. genannt werden. Es handelt sich hier um Ersatzleistung für Versorgungstatbestände, die ursprünglich von der Hausgemeinschaft selbst geregelt wurden und die durch Gesetzgebung aus ihrem Entscheidungsbereich herausgenommen wurden.

Höffe geht dann auf zwei Einwände gegen den Tauschgedanken ein.

1. Es wachse wegen der **höheren Lebenserwartung** die Zeitspanne, in der die Älteren die Hilfe der Jüngeren bräuchten, so dass der Generationen-Vertrag inzwischen mehr den Älteren zugute komme.
   Dagegen spricht, dass sich für die Jugendlichen der Zeitpunkt der Berufsfähigkeit verschoben habe, teils durch die Verlängerung der Schulpflicht, teils durch die längeren Ausbildungszeiten.

2. **Grundsätzlicherer Einwand**: es könnten jene Personen nicht berücksichtigt werden, die – wie beispielsweise von Geburt an Schwerstbehinderte -, in den Tausch nichts einbringen.

Den letzteren grundsätzlicheren Einwand versucht Höffe durch ein dreiteiliges Argument zu entkräften. Er führt dazu auf Seite 212 aus:

- **Erstes Teilargument:**

  „Es erinnert an die Verantwortung, die übernimmt, wer Kinder in die Welt setzt, eine Verantwortung die die Eltern mit der Primärgruppe, in der sie leben, teilen. Der Mensch kommt nicht aus freiem Entschluß auf die Welt, sondern aufgrund fremder Entscheidung. Wer Kinder in die Welt setzt, wissend, daß sie hilfsbedürftig sind und gegebenenfalls, wegen Behinderungen, besonderer Hilfe bedürfen, der übernimmt die Pflicht zur entsprechenden Hilfeleistung.“

- **Zweites Teilargument:**

  Es „bringt den Gedanken der Kompensationspflicht und Auffangverantwortung ein und meint weitaus mehr als nur eine Ausfallbürgschaft: Insoweit die Familien durch den Staat entmachtet worden sind, muß er in Aufgaben, die ursprünglich allein bei der Familie lagen, miteintreten“.

- **Drittes Teilargument:**

  ein Großteil der Behinderungen verdankt „sich jenen Risiken, die mit unserer Zivilisationsform zusammenhängen. Da wir deren Vorteile kollektiv in Anspruch nehmen, sind auch die Nachteile kollektiv zu tragen“.

Zum Ausgleich der Entmachtung von Institutionen erster Ordnung durch den Zentralstaat sieht Höffe eine Kompensationspflicht. Daneben sieht er auch Entschädigungsansprüche, die sich aus ungerechten Tauschbeziehungen der Vergangenheit ableiten lassen. (S. 212)

Eine Entschädigungspflicht zum Beispiel gegenüber Menschen aus Entwicklungsländern formuliert Höffe wie folgt:

„Ähnliches gilt für die Schwarzen Nord- und Südamerikas sowie für andere Gruppen, denen durch Sklaverei, durch Leibeigenschaft und Erbuntertänigkeit oder auch durch „subtilere“ Einrichtungen jahrhundertelang der Zugang zu Eigentumstiteln, zu gleichberechtigten Bildungseinrichtungen und zum sozialen Aufstieg versperrt wurde. In dem Maße, allerdings auch nur in dem Maße, wie das Unrecht bis heute nachwirkt und die entsprechenden Gruppen geringere Chancen haben, besteht das Recht auf eine Kompensation, die von denen zu leisten ist, die nicht überhaupt, wohl aber aufgrund des früheren Unrechts bevorteilt sind. Ähnliches gilt für die Kolonien. Sofern in ihnen ein langfristig wirksames Unrecht geschehen ist – durch Monokulturen, durch mangelnde Bildungschancen für die Eingeborenen usw. -, schuldet man ihnen einen Ausgleich. Ihn schuldet freilich nicht die Weltgemeinschaft, sondern der, der sich das Unrecht hat zuschulden kommen lassen, also die jeweils zuständige Kolonialherrschaft – insbesondere dann, wenn sie sich bis heute eines Vorteiles, etwa eines bleibenden kulturellen Einflusses, erfreut."

Im Blick auf die „Frauenfrage" führt Höffe auf Seite 213 aus:
„Auch für die Frage, ob man den Frauen im Berufsleben vorübergehend eine gewisse Bevorzugung einräumen soll, trägt das Argumentationsmuster bei. Soweit sich nachweisen läßt, daß die in früheren Generationen geübte kollektive Benachteiligung bis heute „durchschlägt", allerdings auch nur so weit, wie der etwaige Nachweis reicht, ist eine kompensatorische und wieder kollektive Bevorzugung von Frauen legitim".

Aus der, wie Höffe es nennt, „neuen Legitimationsstrategie" ergibt sich für die soziale Gerechtigkeit ein neues Prinzip. Bei Rawls spielt die Frage, warum jemand zu den Schlechtergestellten gehört, keine Rolle. Höffe differenziert hier. Er ist zwar auch der Meinung, dass Menschen in Not generell tätige Hilfe erhalten sollten. Wenn ihre Not jedoch selbst verschuldet ist, haben sie seiner Meinung nach keinen Anspruch auf Hilfe. Sollte jedoch die Not von der Gesellschaft mit verschuldet sein, so entsteht eine Kompensationspflicht und damit ein Anspruch auf Ausgleich. Höffe führt aus: „Nicht für die Schlechtergestellten als solche trägt die Gesellschaft Verantwortung, wohl aber für diejenigen, die durch die kollektiven Verbesserungen schlechter gestellt werden. Damit die Ausbildung einer Industriegesellschaft als legitim gelten kann, müssen die einschlägigen Benachteiligungen in einen Per-Saldo-Vorteil transformiert werden." (S. 215/216).

Zu den Ansichten Höffes kann gesagt werden:
Für die Diskussion über Berechtigung von Unterhaltszahlungen kann die philosophische Hauptfrage nach dem Grund der Verpflichtung vollumfänglich übernommen werden. Auch hier muss herausgefunden werden, wie der Grund der Verpflichtung entsteht, wem etwas geschuldet wird und wofür. Darüber hinaus muß

eine Rolle spielen, aus welchem Tatbestand die Anerkennung einer sozialen Verbindlichkeit mit moralischem Rang ursprünglich geschuldet war und ob die dafür maßgebenden Kriterien noch gegeben sind.

Tauschgerechtigkeit betrachtet soziale Gerechtigkeit als aus dem Verhältnis Mensch zu Mensch abzuleitenden Mechanismen, wenn auch zum Teil zeitlich verschoben. Dieser Gedanke kann nur von der Annahme ausgehen, dass die Grössenordnung der Kohorten in etwa stabil bleiben. Dabei wird unberücksichtigt gelassen, was dann passiert, wenn sich – wie in der Bundesrepublik Deutschland zum jetzigen Zeitpunkt – bei der Zeitverschiebung die demografische Entwicklung dahingehend verändert, dass der Teil der leistungsfähigen Personen erheblich abnimmt und gleichzeitig der Teil der reinen Leistungsempfänger – nämlich der der älteren Personen – überproportional zunimmt. Wenn also der Teil der Leistungsempfänger zunimmt, von dem nicht in der Zukunft noch ein Beitrag für die Allgemeinheit zu erwarten sein wird, wie dies bei Kindern als Leistungsempfänger zum der Fall ist.

Bedenklich sind auch die beispielhaften Ausführungen als Gegenantwort auf den grundsätzlichen Einwand gegen den Tauschgedanken im Blick auf Personen, die aus welchen Gründen auch immer, nichts als Tausch einbringen können, wie dies zum Beispiel bei von Geburt an Schwerstbehinderten der Fall sei. Hier an die Verantwortung der Menschen zu erinnern, **die Kinder in die Welt setzen** „wissend dass sie hilfsbedürftig sind und gegebenenfalls, wegen Behinderungen, besondere Hilfe bedürfen", (S. 212) ist nur sehr schwer verständlich. Hier vergisst Höffe offensichtlich seinen eigenen Anspruch auf Einbeziehung anthropologischer Zusammenhänge. Die Formulierung – die man durchaus als gedankenlos bezeichnen kann – „Kinder in die Welt zu setzen" impliziert, dass dieser Tatsache eine bewusste Entscheidung vorhergegangen ist. Tatsächlich aber gehört die sexuelle Befriedigung zum Urbedürfnis. Mit dieser Befriedigung war in der Vergangenheit schicksalhaft die Elternschaft verbunden. Also war hier tatsächlich eine Art Tauschidee zu denken in der Form: Habe ich das sexuelle Vergnügen, muss ich auch die Folgen tragen.

Aus diesem Zwangszusammenhang entsprang auch die besondere Benachteiligung des Personenkreises, der nach Beendigung des Sexualaktes unentrinnbar die Folgen physisch und psychisch zu tragen hatte, nämlich der weibliche Teil des

Sexualaktes. Der Vater aber, der sich seiner Verantwortung entziehen will, konnte und kann sich „aus dem Staube machen". Diese Zusammenhänge existieren zwar naturgegeben nach wie vor. Allerdings haben sich die Rahmenbedingungen durch Weiterentwicklung in Medizin und Pharmazeutik elementar geändert. Einmal gibt es die Möglichkeit der Verhütungsmittel, wodurch die sexuellen Freuden weitgehend abgekoppelt werden konnten von den ursprünglichen Folgen „Elternschaft". Zum anderen kann eine problematische Schwangerschaft im Rahmen der geltenden Vorschriften abgebrochen werden.

Die Entscheidung für ein Kind ist heute wie nie zuvor eine bewusste, an dessen Anfang eine Abwägung von Vor- und Nachteilen steht. Wenn hier der Tauschgedanke eine Rolle spielen soll, muss sich die Gesellschaft fragen lassen, was hier als Kompensation für Nachteile und Zusatzbelastungen geboten wird. Die Ansicht „Wer Kinder in die Welt setzt, muß auch die Folgen tragen" gehört einer Vergangenheit an, in der es eben selbstverständlich war, dass Ehe und damit sexuelle Partnerschaft gekoppelt waren mit Elternschaft, und dies lebenslang.(„Lebenslang" bedeutet heute aufgrund der höheren Lebenserwartung etwa doppelt soviel Lebensjahre wie noch vor 100 Jahren).

Es mag nun eingewendet werden, dass die Zeugung gerade aufgrund der Möglichkeit der Verhütung mit erhöhter Verantwortung verbunden ist. Dies kann grundsätzlich zwar bejaht werden. Aber diese bewußte Übernahme der Verantwortung kann sich jeweils nur auf den Teil der Lebenszusammenhänge beziehen, auf die der Verantwortliche auch Einfluß hat, also bei Kindern bis zur Volljährigkeit. Das gleiche gilt auch für den Bereich der Partnerschaft. Für Situationen, auf die der Träger der Verantwortung keinen Einfluß hat, ist es im Sinne einer Tauschgerechtigkeit schwer vorzustellen, zur Zahlung von Folgekosten verpflichtet zu werden.

Die Interessenlage innerhalb des Gemeinwesens hat sich heute zumindest in den meisten westlichen Industrieländern insofern grundlegend geändert, als der Staat große Anstrengungen machen muß, um junge Frauen und Männer zu ermutigen, „Kinder in die Welt zu setzen".

Wenn, wie Höffe andeutet, die Benachteiligung von Frauen als eine Frage der Vergangenheit angesehen wird, so trifft dies eindeutig nur auf die Frauen zu, die keine Kinder haben. Für Frauen mit Kindern besteht die strukturelle Benachteiligung weiter und es ist noch keine wirkliche Veränderung im System erkennbar, die den Anspruch auf Kompensation überflüssig machen würde. Diskutiert werden im Übrigen immer nur ökonomische Faktoren. Die mit einer Schwangerschaft verbundenen physischen und psychischen Belastungen bleiben bei Diskussionen über Kompensation weitestgehend unerwähnt.

Ebenfalls nicht zu akzeptieren ist die Einengung der Kompensationspflicht im Zusammenhang mit Benachteilungen von Entwicklungsländern. Die Zerstörung der Kulturen und die Ausbeutung von Bodenschätzen lässt sich kaum auf die jeweilige Kolonialmacht beschränken. Heute noch sind es die dem westlichen Wirtschaftsbereich zugehörigen Multikonzerne, die nach wie vor Bodenschätze ausbeuten oder Urwälder abholzen und die Profite machen, ohne die betreffenden Nationen angemessen zu beteiligen.

Der Gedanke der sozialen Gerechtigkeit als Tausch erscheint im ersten Augenblick eine bestechende Idee zu sein. Um jedoch zu einer Äquivalenz des Wertes der zu tauschenden Waren oder Dienstleistungen zu kommen, müßte jede Generation ihre Leistungen neu bewerten, um so dem technischen Fortschritt und/oder der Zunahme wissenschaftlicher Erkenntnisse Rechnung zu tragen.

Ein einklagbarer Unterhaltsanspruch emanzipierter Individuen, dem als „Gegenleistung" aktuelle oder vergangene familiäre Bindung zugrundeliegt, würde in einem solchen Konzept des Tausches kaum Platz finden. Beim einklagbaren Anspruch auf Unterhalt müßte gefragt werden, inwieweit bei einer sozialen Gerechtigkeit als Tausch ein Kompensationsanspruch gegenüber dem Verpflichteten anzumelden sei, und zwar in dem Augenblick, wenn die emotionale Bindung beendet und die Hausgemeinschaft aufgegeben wurde. Es ist problematisch, aus dem bloßen Tatbestand des Verwandtschaftsverhältnisses, aus dem Umstand, dass jemand Kind oder Ehepartner oder -partnerin ist oder war, einen Anspruch auf Erstattung der Lebenshaltungskosten abzuleiten.

Der Staat hat durch Verfassung und Gesetzgebung dem Individuum richtigerweise Grundrechte und persönliche Freiheitsrechte eingeräumt. Damit einher geht allerdings häufig eine Einengung der Rechte der Menschen, die von den Folgen der Inanspruchnahme dieser Grundrechte und Freiheitsrechte negativ betroffen sind. Diesen Menschen gegenüber besteht von Seiten des Staates eine Kompensationspflicht zumindest in der Form, dass sie nicht auch noch die Folgekosten dieser Entwicklung zu tragen haben.

2.2 Realität der sozialen Gegebenheiten als Rahmenbedingungen

Rawls, Nozick und auch Höffe haben darüber nachgedacht, wie das Zusammenleben der Menschen gestaltet werden könnte, um ihnen ein gedeihliches Miteinander zu ermöglichen, wobei der Gedanke der Gerechtigkeit bei allen drei Ansätzen die zentrale Rolle spielt.

Rawls stellt bei seinen Überlegungen über die Verteilungsgerechtigkeit den Gedanken der Freiheit des Einzelnen gleichwertig neben den der Gerechtigkeit vorhandener Institutionen. Er hält die Einschränkung der Freiheit des Einzelnen nur dann für rechtens, wenn damit die Freiheit insgesamt gestärkt wird und die Gerechtigkeit vorhandender Institutionen gegeben ist.

Nozick stellt die Freiheit und die Rechte des Einzelmenschen in den Mittelpunkt. Sie sind für Nozick die Grundlage allen Handelns, wobei die Frage der Gerechtigkeit sich konzentriert auf den Anspruch beim Erwerb von Gütern. Nur die Rechtsmäßigkeit des Erwerbsvorganges spielt hier für Nozick eine Rolle, nicht die Frage, wie die Möglichkeiten des rechtsmäßigen Erwerbs verteilt sind.

Höffe hingegen sieht bei seinem Ansatz die soziale Gerechtigkeit alsTausch im Sinne einer Kompensationspflicht oder eines Kompensationsanspruchs.

Rawls, Nozick und auch Höffe beschreiben denkbare Spielregeln für das Miteinander der Menschen. Dieses Miteinander besteht aus sozialen Gruppen, innerhalb derer sich diese Beziehungen abspielen. Die Charakteristik sowohl der sozialen Gruppen als auch der zwischenmenschlichen Beziehungen spielen eine Rolle bei der Beurteilung, ob in der Realität Verhältnisse vorhanden sind, die mit den Ansätzen der drei exemplarisch beschriebenen Gerechtigkeitstheorien vereinbar sind. Ob zum Beispiel die Freiheit als Grundgut gewahrt ist, ob die vorhandenen Institutionen gerecht sind, ob eine gerechte Übertragung vorliegt und/oder ob der Gedanke einer sozialen Gerechtigkeit als Tausch auf sie anzuwenden ist.

Im Blick auf die in der Bundesrepublik geltenden Rahmenbedingungen für Unterhaltsregelungen ist zu hinterfragen, ob den im Bürgerlichen Gesetzbuch geregelten Gründen für eine Verpflichtung, dem Inhalt der Schuldigkeit also, noch ein adäquater

Tatbestand einer Verbindlichkeit gegenübersteht, aus dem ein Anspruch abgeleitet werden könnte.

2.2.1 Soziale Beziehungen nach Max Weber

Bei den Überlegungen, warum Unterhaltszahlungen zwischen erwachsenen Menschen gerechtfertigt sein könnten oder nicht, muss untersucht werden, was die Grundlage, die Begründung, die Rechtfertigung dafür liefern könnte, oder was gegen eine solche Transferleistung spricht.

Für die Analyse der betroffenen Institutionen lege ich Max Webers 1922 nach seinem Tode erschienenes Hauptwerk „Wirtschaft und Gesellschaft", 4. Auflage 1956, hrsg. von Johannes Winkelmann, zugrunde. Alle nachfolgenden Zitate sind aus diesem Werk.

Die Darstellung der inhaltlichen Strukturen sowie die Auswahl der zitierten Textstellen erfolgte selektiv unter dem Gesichtspunkt ihres inhaltlichen Bezugs zum einklagbaren Rechtsanspruch auf Unterhalt.

Max Webers Definitionen der „Sozialen Beziehung" sind Anfang des 20. Jahrhunderts formuliert worden. Sie treffen jedoch in ihrem Kern einerseits die unveränderlichen Parameter. Andererseits ist an einigen Ausführungen zu erkennen – zum Beispiel am Begriff der „Ehe" – , wie sich der Sinngehalt dieser Institution und ihr Verhältnis zur Gesellschaft bis heute verändert haben.

Max Webers Typen der Vergemeinschaftung

Im Zweiten Teil „Die Wirtschaft und die gesellschaftlichen Ordnungen und Mächte" beschäftigt sich Weber im Kapitel III mit den „Typen der Vergemeinschaftung und Vergesellschaftung zur Wirtschaft (S. 212 ff). In § 1 geht er auf den Begriff der „Hausgemeinschaft" ein, der – wie er ausführt – „wichtigsten Gemeinschaftsart". In der Erörterung hinterfragt Weber ihre Beziehung zur Gesellschaft. Er führt aus:

„Als besonders „urwüchsig" erscheinen uns heute die durch sexuelle Dauergemeinschaft gestifteten Beziehungen zwischen Vater, Mutter und Kindern."

Das heißt, Weber sieht das zum damaligen Zeitpunkt (vor 1920) unzweifelhaft hohe Ansehen der Institution „Ehe" als Folge der allgemeinen Auffassung, diese Lebensform sei eine, wenn man will, „naturgegebene Einheit".

Weber unterscheidet jedoch begrifflich
- die ökonomische Versorgungsgemeinschaft, den gemeinsamen „Haushalt"
- die „rein sexuell zwischen Mann und Weib" existierende Beziehung und
- „die nur physiologisch begründeten Beziehungen zwischen Vater und Kindern".

Die rein auf sexueller Dauergemeinschaft gründende Beziehung zwischen Mann und Frau und die nur physiologisch begründeten Beziehungen zwischen Vater und Kindern sind nach Weber in dem Augenblick „labil und problematisch", wenn sie losgelöst von der „ökonomischen Versorgungsgemeinschaft, dem gemeinsamen Haushalt" betrachtet werden. Nach Weber fehlt die Vaterbeziehung dort ganz, wo die „stabile Versorgungsgemeinschaft zwischen Vater und Mutter" fehlt. Auch da, wo diese Hausgemeinschaft besteht, sei sie nicht von „großer Tragweite". Von den „auf dem Boden des Geschlechtsverkehrs erwachsenen Gemeinschaftsbeziehungen" bezeichnet Weber lediglich die zwischen Mutter und Kind als „urwüchsig". Dies begründet er damit, dass es sich um eine Versorgungsgemeinschaft handelt, deren „naturgegebene Dauer die Zeit bis zur Fähigkeit des Kindes zur selbständigen ausreichenden Nahrungssuche umfasst." Dieser „urwüchsigen" Beziehung am nächsten komme die Beziehung zu Geschwistern als „Aufzuchtsgemeinschaft". („Milchgenossen" sei der Name für die „Nächstversippten"). Aber auch hier sei nicht der gemeinsame Mutterleib die Begründung, sondern die „ökonomische Versorgungsgemeinschaft". (S. 212)

Auf Seite 213 geht Weber auf den Begriff der „Ehe" ein. Er führt aus, dass eine bloße Kombination „einer sexuellen mit einer Aufzuchtsgemeinschaft von Vater, Mutter, Kindern" dem nicht gerecht wird. Der Begriff der „Ehe" sei nur in ihrem Verhältnis zu anderen Institutionen der Gesellschaft zu interpretieren. Er führt aus: „ „Ehe" entsteht als gesellschaftliche Institution überall erst durch den Gegensatz zu anderen, nicht als Ehe angesehenen sexuellen Beziehungen. Denn ihr Bestehen bedeutet:

1. dass das Entstehen einer Beziehung gegen den Willen: entweder der Sippe einer Frau oder derjenigen des schon in deren Besitz befindlichen Mannes, also von einen Verband, - in ältester Zeit: der Sippe entweder des Mannes oder der Frau oder beider, nicht geduldet und eventuell gerächt wird, namentlich aber

2. dass nur die Abkömmlinge bestimmter sexueller Dauergemeinschaften im Kreise einer umfassenderen ökonomischen, politischen, religiösen oder sonstigen Gemeinschaft, welcher ein Elternteil (oder jeder von beiden) angehört, kraft ihrer Abstammung als geborene gleichstehende Verbandsgenossen (Hausgenossen, Markgenossen, Sippengenossen, politische Genossen, Standesgenossen, Kultgenossen) behandelt werden, Abkömmlinge eines Elternteils aus anderen Sexualbeziehungen dagegen nicht".

Einen anderen Sinn sieht Weber in der Unterscheidung zwischen „ehelich" und „unehelich" nicht. Welche Voraussetzungen im einzelnen für die „Ehelichkeit" gegeben sein müssen, regeln „jene anderen Verbände" durch „gesatzte Ordnung" oder die als „heilig geltenden Traditionen". Diese Voraussetzungen gehen also über die bloße Sexual- und Aufzuchtsgemeinschaft hinaus. Diese „Ordnungen" unterliegen nach Weber einer „ethnographisch ungemein wichtigen Entwicklung", auf die er jedoch nicht weiter eingeht.

Mit anderen Worten, die Institutiton „Ehe" erhält nach Weber ihre Bedeutung ausschließlich durch den Wert, den ihr die Gesellschaft und in ihrem Auftrag der Staat zuerkennt. In der Bundesrepublik Deutschland leitet die Institution „Ehe" ihre große Bedeutung ab von dem in der Verfassung formulierten und dadurch gewährten besonderen. Schutz des Staates (Art. 6 Grundgesetz). Ein großer Einfluss kommt dabei auch aus der Richtung der Religionsgemeinschaften.

Es handelt sich demnach um einen abgeleiteten Wert, um eine leere Hülle sozusagen, der von der normativen Seite äußere Struktur verliehen und die von der realen Seite durch besondere Tatbestände innerhalb der sozialen Beziehung und deren Bedeutung für das Gemeinwesen gefüllt werden muss. Ein eigener ursprünglicher unantastbarer Wert wäre für die Institution Ehe nur abzuleiten von ihrer Aufgabe als Elternschaft. Wenn die „Elternschaft" wegfällt, bleiben die sexuelle Beziehung sowie die Hausgemeinschaft als Versorgungsgemeinschaft. Wenn beide letzteren Faktoren ebenfalls wegfallen, bleibt nichts übrig, was eine ökonomische Verbindung zweier Menschen rechtfertigen würde. Es wäre ungefähr so, als wenn ein Bergsteiger angeseilt bleibt, obwohl er längst den Berg verlassen hat.

Die oben beschriebenen Beziehungen gewinnen nach Weber „ihre normale Bedeutung für die Erzeugung eines Gemeinschaftshandelns nur dadurch, dass sie die normalen, wenn auch nicht einzigen, Grundlagen eines spezifisch ökonomischen Verbandes werden: der „Hausgemeinschaft"."

Die Hausgemeinschaft ist nach Weber die „universell verbreitetste „Wirtschaftsge -meinschaft", die ein sehr „kontinuierliches und intensives Gemeinschaftshandeln" beinhaltet. Sie sei „urwüchsige Grundlage der Pietät und Autorität". Dieses wiederum sei Grundlage vieler externer „Gemeinschaften".

Als „**Autorität**" beschreibt Weber die Eigenschaft
- Des Stärkeren
- Des Erfahreneren
    - der Männer gegenüber Frauen und Kindern
    - der Wehrhaften und Arbeitsfähigen gegenüber den dazu Unfähigen,
    - der Erwachsenen gegenüber Kindern
    - der Alten gegenüber den Jungen.

Die Hausgemeinschaft selbst beschreibt Weber als eine „sekundäre Bildung gegenüber einem vorangehenden Zustand, welcher einerseits den umfassenden Gemeinschaften der Sippe und des Nachbarverbandes mehr Gewalt, anderseits dem Einzelnen mehr Ungebundenheit gegenüber der Gemeinschaft von Eltern, Kindern, Enkeln, Geschwistern zuteilte.", das heißt, das gemeinsame Handeln führte zur Stärkung der Gruppe, verbunden mit einer größeren Freiheit des Individuums. Diese individuelle Freiheit und Unabhängigkeit existiert jedoch lediglich für die Person als

Mitglied der Hausgemeinschaft. Sie setzt voraus, dass die Grundlage „Pietät und Autorität" anerkannt und gelebt wird.

Weber führt weiter aus: „Hausgemeinschaft bedeutet ökonomisch und persönlich in ihrer „reinen" (...) Ausprägung: Solidarität nach außen und kommunistische Gebrauchs- und Verbrauchsgemeinschaft der Alltagsgüter (Hauskommunismus) nach innen in ungebrochener Einheit auf der Basis einer streng persönlichen Pietätsbeziehung."

In diesem Zusammenhang deutet Weber ebenfalls darauf hin, dass der alte „Hauskommunismus" ein unserem „Erbrecht" Vergleichbares nicht kannte. An dessen Stelle stand vielmehr der Gedanke der Unsterblichkeit der Hausgemeinschaft, deren Besitz bewahrt werden mußte. Mit anderen Worten, einen individuellen Anspruch auf Erbe gab es ursprünglich nicht.

Es ist demnach festzuhalten, dass nach Max Weber die Voraussetzung des gemeinschaftlichen Wirtschaftshandelns in der gemeinsamen Hausgemeinschaft begründet ist. Diese „Hausgemeinschaft" ist nicht unbedingt örtlich zu verstehen, sondern in der inneren Bejahung und Annahme der Teilhabe an dieser Gemeinschaft. Dabei wäre die Anerkennung einer Autorität ebenso Voraussetzung wie der Respekt vor den Vorfahren und der Tradition. Als Folge dieser Anerkennung der Autorität und Pietät entstehen Verhaltensregelmäßigkeiten die als Normen innerhalb der sozialen Einheit „Hausgemeinschaft" gelten. Mit den Rechten innerhalb der Gemeinschaft war demnach reziprok ein Kanon von Pflichten verbunden.

Im Blick auf heutige Verhältnisse muss festgestellt werden, dass der Anteil persönlicher Freiheiten und Unabhängigkeiten der einzelnen Personen erheblich zugenommen hat. Freiheiten und Unabhängigkeiten, deren Wirksamkeit weit über die Gruppengrenzen hinausgehen. Das führt häufig zu der widersprüchlichen Grundhaltung, nachdem einerseits alle Freiheiten in Anspruch genommen werden, andererseitss jedoch die Zugehörigkeit zur Gruppe nicht aufgegeben werden möchte. Die mit der Zugehörigkeit der Gruppe ursprünglich verbundene Unterordnung oder Einordnung wird jedoch weitestgehend abgelehnt. Mit der

Vorverlegung der Volljährigkeit entstehen persönliche Freiheiten als Rechtsanspruch in einer Lebensphase, in der die Nachkommen meist noch nicht in der Lage sind, für sich selbst zu sorgen. Gleichzeitig mit der Zunahme der Grundrechte und damit der persönlichen im Zweifelsfall sogar einklagbaren Freiheiten aber geht der Respekt und die Anerkennung von Autoritäten bei jungen Menschen dramatisch zurück. Auch die Erkenntnis der Tatsache, dass persönliche Rechte immer einhergehen mit persönlichen Pflichten, scheint noch stark entwicklungsbedürftig.

Innerhalb der von Max Weber beschriebenen sozialen Beziehungen und Hausgemeinschaften galten und gelten Normen. Diese Normen, ihre Charakteristika und auch ihre Verfestigung bilden die „Spielregeln", ohne die ein Zusammenleben nicht denkbar ist.

Dass die Ehe auch heute noch als schutzwürdige „Keimzelle des Staates" betrachtet wird, geht von dem Gedanken aus, dass die innerhalb der Hausgemeinschaft geltenden Normen auch innerhalb jeder größeren Gemeinschaft, so auch innerhalb der Gemeinschaft „Staat" von existentieller Bedeutung sind. Dazu gehören in erster Linie die Akzeptanz von Autoritäten, aber auch die Tatsache, dass Nutzen aus der Gemeinschaft auch immer Pflichten gegenüber der Gemeinschaft gegenüberstehen

2.2.2 Normstrukturen (Handlungsmuster) innerhalb
der sozialen Beziehungen nach Heinrich Popitz

Für die Beurteilung der Berechtigung von einklagbaren Unterhaltsleistungen spielen die Besonderheiten der geltenden Normen eine entscheidende Rolle.

Für die Untersuchung dieser Charakteristika lege ich die Ausführungen von Heinrich Popitz, „Die normative Konstruktion der Gesellschaft", Tübingen 1980, zugrunde. Die nachfolgenden Ausführungen beziehen sich ausschließlich darauf.

Die Darstellung der inhaltlichen Strukturen sowie die Auswahl der zitierten Text -stellen erfolgte selektiv unter dem Gesichtspunkt ihres inhaltlichen Bezugs zum einklagbaren Rechtsanspruch auf Unterhalt.

Heinrich Popitz hat die normativen Konstruktionen der Gesellschaft analysiert und die gegenseitigen Abhängigkeiten dargestellt.

Er fragt, was die Gesellschaft bzw. alle empirischen Gesellschaften im Innersten zusammenhält oder bewegt, wenn die Instinktgebundenheit nicht mehr gegeben ist.

Auf den Vorgang „Unterhaltszahlung" angewendet, ist die Frage zu stellen, inwieweit eine freiwillige Bereitschaft besteht, einem Mitglied der eigenen Gruppe in der Not beizustehen. Im Sinne der Gegenseitigkeit spielt dementsprechend eine grosse Rolle, inwieweit die Verpflichteten die Bedürftigkeit der Berechtigen anerkennen und ihre eigene Verpflichtung akzeptieren.

Aus den drei Phänomenen "Instinktentbundenheit", "Selbstbewußtsein" und "Sprache" leitet Popitz einen Zwang ab, Verhalten zu standardisieren (S. 18). Aus Standardisierungen können nach Popitz Normen entstehen, sofern sie bedeutsam und zugleich gefährdet sind (Stichwort: verselbständigte soziale Prozesse).

Aus diesen Überlegungen heraus entwickelt Popitz das Konzept "soziale Norm".

Der Begriff der Norm - der sozialen Norm – bezieht sich nach Popitz auf tatsächliches, im Prinzip beobachtbares Verhalten. Er verbindet dies mit vier Kennzeichen:

- Orientierung an dem erwarteten zukünftigen Verhalten anderer.
- Vorhersehbarmachung von wechselseitigem Verhalten durch die Anerkennung von Verhaltensregelmäßigkeiten und Unterwerfung unter diese.
- Daraus entstehende Verhaltenserwartungen, insbesondere desiderative Erwartungen.
- Verhalten, das mit dem Risiko der Sanktionen verbunden ist.

Aus Praktikabilitätsgründen reduziert Popitz die Definition "Norm" auf die Merkmale "(soziale) Verhaltensregelmäßigkeiten" und "Sanktionen".

Soziale Verhaltensregelmäßigkeit kann einer bestimmten Kategorie von Personen zugeordnet werden. Sie sind geprägt durch einen sich wiederholenden gleichartigen

Verhaltensablauf, wobei Popitz normierte und nicht normierte unterscheidet. Normierte Verhaltensregelmäßigkeit setzt bei den handelnden Personen ein Normbewußtsein voraus, bei dem Popitz von drei Dimensionen ausgeht:

- Orientierungswissen: (S. 22)
  Sind Normen und Sanktionen bekannt? Das Wissen um Norm und Sanktion bezeichnet Popitz als Orientierungsgewissheit.

- Realisierungswissen:(S. 23)
  Wenn Normen und Sanktionen bekannt sind und die Geltung vorausgesetzt wird, entsteht die Frage nach dem Umfang der Geltung und dem Umfang der bei Abweichung zu erwartenden Sanktion.

- Legitimitätsglauben/Akzeptanz (S. 23):
  Popitz führt dazu aus, dass der Glaube an die Legitimität einer Norm zur Zunahme normkonformem Verhaltens führt.

„Sanktion" ist an sich wertfrei, sie soll ein bestimmtes gewolltes Verhalten bekräftigen, und kann sowohl positiv als auch negativ erfolgen. In der Regel erfolgen jedoch negative Sanktionen. Sie wirken verstärkend auf die Norm. (S. 29)

Vom Institutionalisierungsgrad sozialer Normen hängt ab, ob es sich um Sittennormen oder Rechtsnormen handelt. Aus einer Sittennorm kann sich eine Rechtsnorm entwickeln. Der Grad der Verfestigung gibt an, ob aus einer Sittennorm eine Rechtsnorm entstanden ist. Als Rechtsnorm bezeichnet Popitz eine soziale Norm, die in besonderem Maße vom Staat geschützt wird und die verschiedene Institutionalisierungsstufen durchlaufen hat.

Zur Abgrenzung von Rechtsnormen geht Popitz von territorialen Einheiten aus, in denen eine alle soziale Gruppierungen übergreifende politische Ordnung bereits entstanden ist. Diese wird durch zentrale Institutionen geschützt. Diese Instanzen haben die Sanktionsfunktionen strukturiert, z. B. Richterspruch, Strafrecht, Polizeimacht, Spruch des Ältestenrats, etc.

Bei der **Normgeltung** geht Popitz von drei Verhaltenssequenzen aus: Normbefolgung, Normbruch mit Sanktion, Normbruch ohne Sanktion.

Der tatsächliche Normgeltungsumfang ergibt sich nach Popitz aus dem Anteil des normkonformen Verhaltens an normrelevanten Verhaltensweisen. Der Umfang der Sanktionsgeltung dagegen ergibt sich aus dem Anteil der sanktionierten Normbrüche an den Normbrüchen insgesamt. Obwohl Popitz als eine Voraussetzung für den Normbegriff angibt, dass es sich im Prinzip um beobachtbares Verhalten handelt, führt er aus, dass auch eine angenommene Geltungsstruktur sowohl im Blick auf die Normgeltung als auch auf die Sanktionsgeltung Auswirkungen auf Verhaltensentscheidungen hat.(S. 35)

Popitz unterscheidet **drei Normstrukturen**
Einmal die **Verpflichtungsstruktur**, die sich auf das normierte Verhalten in seinem jeweiligen Bezugsrahmen (Situation, Interaktionszusammenhang) bezieht. Daneben die **Sanktionsstruktur**, die sich speziell auf sanktionierendes Verhalten bezieht, und die **Geltungsstruktur**, die die verschiedenen Relationen von Verhaltensgeltung, Sanktionsgeltung und Nichtgeltung untersucht. Popitz betont, dass der Situations- und Interaktionszusammenhang, innerhalb dessen der einzelne Verhaltensakt erst seinen spezifischen Stellenwert erhält, einbezogen werden muss. (S. 38)
Als Komponenten definiert er **Personenkategorien**, wie **Adressaten** und **Benefiziare**, die sowohl alle Mitglieder einer sozialen Einheit sein können (allgemeine Norm) oder auch nur einige Mitglieder (partikulare Norm). Weitere Komponenten sind der untersuchte soziale Bereich, der möglichst nach außen geschlossen sein sollte, und eine konkrete Situation. Daraus folgt für Popitz die Aussage:

In einem bestimmten sozialen Bereich können in bestimmten Situationen bestimmte Verhaltensweisen beobachtet werden. Diese Verhaltensweisen können als normiert klassifiziert werden, und zwar normiert für eine bestimmte Personenkategorie. (S. 38)

Dabei kann es sich um reziproke und nicht-reziproke Normen handeln. Reziprok sind die Normen, deren Adressaten zugleich auch Benefiziare und deren Benefiziare zugleich auch Adressaten sind. <u>Nicht-reziprok</u> sind die Normen, deren Adressaten und Benefiziare nicht identisch sind.

Weitere Begriffe bei Popitz:

Normsender, Normhüter, Normsetzer (S. 43)

Als **"Normsender"** bezeichnet Popitz jeden Akteur, der durch erkennbares Verhalten für die Geltung einer Norm eintritt. **"Normhüter"** dagegen bezeichnet die weitergehende Aktivität zur Erhaltung von Normen. Es ist die ausdrückliche Kontrolle des beobachtbaren Verhaltens in mehr oder minder systematischer Form. In der Regel ist die Funktion des Normhüters mit besonderer Macht verbunden, (Eltern, Lehrer, Polizisten etc.). **Normsetzer** sind nach Popitz die Akteure, die neue Normen (tatsächlich) durchsetzen. Es handelt sich um innovierende Kraft.

Normbündelung und Normverklammerung, Positionalisierung

Als **Normbündelung** bezeichnet Popitz die Tatsache, dass für eine bestimmte Personenkategorie nach der in einer Gesellschaft innerhalb eines bestimmten Zeitraumes bestehenden Vorstellungen neben den allgemeinen Normen Partikularnormen den Handlungen zugrundeliegen. Unter **Normverklammerung** faßt Popitz die Gegebenheiten zusammen, in denen Partikularnomen einer bestimmten Personenkategorie auf eine andere bestimmte Personenkategorie bezogen ist, und zwar gegenseitig. Die Gegenseitigkeit besteht dabei zwar grundsätzlich, die einzelnen Normen jedoch können dabei reziprok aber auch nicht-reziprok gelten.

Partikulare Normen, Normbündelung, Normverklammerung umreißen nach Popitz im wesentlichen das, was man unter dem Begriff der <u>Sozialen Rolle</u> versteht.

Unter **Positionalisierung** versteht Popitz, dass sich in einer Gruppe ein Bedarf zur Erfüllung bestimmter Aufgaben entwickelt hat und die Erfüllung von einer Person auf eine andere übertragen werden kann (z.B. Richter/in, Polizist/in). Positionen im bei Popitz verstandenen Begriff sind stets mit Partikularnormen - mit besonderen Verpflichtungen - und mit speziellen Normbündelungen und Normverklammerungen verbunden. Ehemann oder Ehefrau sind zum Beispiel nicht nur Personenkategorien, sondern auch Positionen (Personenkategorien besonderer Art).

Für eine Betrachtung des Interaktionszusammenhangs beim Thema „Unterhalts-anspruch" ist das **Modell der Verpflichtungsstruktur** von besonderem Interesse, und zwar aus folgenden Gründen:

- Es handelt sich um einen nach außen abgegrenzten sozialen Bereich (die Familie),
- betroffen sind die Beziehungen der betreffenden Mitglieder untereinander,
- als Personenkategorien gibt es Normadressaten und Normbenefiziare,
- für diese Personen gelten sowohl Normbündelungen als auch Normklammerungen.

Familiäre Beziehungen oder familienähnliche Verhältnisse begründen in der Regel sowohl den Anspruch auf als auch die Verpflichtung zu Unterhaltszahlungen. Das Beispiel einer fiktiven „typischen" Familie und deren konkrete Situation sollen die Normstrukturen verdeutlichen, die dem gegenseitigen Unterhalt zugrunde liegen.

<u>Anwendungsbeispiel</u>

A (Ehemann), berufstätig. B (Ehefrau) berufstätig, seit 19 Jahren verheiratet.

Zwei Kinder: C (Sohn), 18 Jahre, Schüler, und D (Tochter), 14 Jahre, Schülerin.

Die Familie lebt in einem Einfamilienhaus mit Garten. Beide Eltern fahren ein Auto.

Die Haus- und Gartenarbeiten sind aufgeteilt. Sie werden entweder immer von der gleichen Person oder im Wechsel erledigt. Die Arbeitsaufteilungen werden von A und B, oder gemeinsam festgelegt.

Die tägliche gemeinsamen Mahlzeit findet um 18 Uhr statt. Hier werden auch organisatorische Fragen besprochen.

A hat einen Plan zur Erledigung der Hausarbeiten erstellt, wonach jeder einmal pro Woche sein oder ihr Zimmer in Ordnung bringt und darüber hinaus noch einen gemeinsam genutzten Bereich. Diese Arbeiten müssen zwischen Donnerstag und Samstag mittags erledigt werden.

B hat einen Plan zur Erledigung der Gartenarbeiten und der Wagenpflege erstellt.

Einkäufe werden entweder von A oder von B getätigt, da sie einen Wagen zur Verfügung haben. C hat seit einem halben Jahr einen Führerschein und kann daher bei Gelegenheit ebenfalls Einkäufe erledigen. C und D erhalten jeden Monat eine bestimmte Summe als Taschengeld.

Wenn jemand die ihm übertragenen Aufgaben nicht erfüllt und auch keine plausible Entschuldigung vorzubringen hat, müssen entweder andere zusätzliche Aufgaben übernommen oder ein bestimmter Betrag in eine gemeinsame Kasse eingezahlt werden. Dieses Geld wird für gemeinsame Unternehmungen (z. B. eine Reise) verwendet.

Analyse:

Es handelt sich um den sozialen Bereich "Familie", für den zum konkreten Zeitpunkt und im herrschenden Kulturkreis bestimmte Verhaltensregelmäßigkeiten die Norm sind. Der soziale Bereich besteht aus vier Personen, die bestimmte Positionen einnehmen: A = Ehemann/Vater, B = Ehefrau/Mutter, C = Sohn/Bruder und D = Tochter/Schwester. Sie sind je nach Situations- und Interaktionszusammenhang der Personenkategorien "Adressat" oder "Benefiziar" zuzuordnen.

Die **Verpflichtungsstruktur** innerhalb der Familie als Hausgemeinschaft::

1. Allgemeine Normen: Treue, Verläßlichkeit, Loyalität, Unterhaltspflicht, Erbansprüche.
2. Gemeinsame Wohnung und Lebensplanung (Miete zahlen, Haus in Ordnung halten etc.).
3. Den Lebensunterhalt sicherstellen.
4. Die Erziehung und Bildung der Kinder.
5. Den Bedürfnissen der Kinder entsprechen.
6. Schularbeiten erledigen.
7. Haus- und Gartenarbeiten erledigen.
8. Einkäufe machen.
9. Ruhezeiten einhalten.

etc..

Die Normen 1. und 7. - 9. sind allgemeine Normen, teilweise reziprok, teilweise nicht-reziprok, bei denen alle Mitglieder der Gruppe je nach Situation sowohl Adressaten als auch Benefiziare sein können. Bei 3. - 6. handelt es sich um Partikularnormen die teilweise reziprok, teilweise nicht-reziprok sind. Bei 3. und 4. sind A und B Adressaten und C und D Benefiziare. Bei 6. sind C und D sowohl Adressaten als auch Benefiziare. Im Fall von 2. Sind alle Mitglieder der Gruppe sowohl Adressaten und Benefiziare, C und D jedoch nur zeitlich begrenzt.

Bei allen Mitgliedern des sozialen Bereichs liegen sowohl Orientierungs- wie Realisierungwissen und Legitimationsglaube vor. Darüber hinaus nehmen alle Mitglieder an, dass nicht-normkonformes Verhalten Sanktionen nach sich ziehen würde, seien es Einbußen von Einkommen (A und B), zusätzliche Arbeiten im Haushalt (A, B, C, D), Zahlungen von Bußgeld (A, B, C, D) oder schlechte Noten in der Schule (C und D). Diese Annahmen führen zu einer hohen Verhaltensgeltung der Normen. Kommt es trotzdem zu Normbrüchen, so treten alle Mitglieder der Familie als Normsender auf, indem sie auf der Einhaltung der Normen bestehen.

Bei den Normen Treue, Verlässlichkeit, Loyalität handelt es sich um Sittennormen, während sich beispielsweise die Unterhaltspflicht und der Erbanspruch innerhalb des Gemeinwesens „Staat" von einer Sittennorm zu einer Rechtsnorm entwickelt haben.

Im Falle der "Schularbeiten erledigen" treten Vater und Mutter als Normhüter und Normsetzer auf, das heißt., sie kontrollieren die Normeinhaltung und verhängen im Falle nicht-normkonformen Verhaltens Sanktionen, die ihrerseits normiert sind.

Im Blick auf die Positionen "Ehemann" und Ehefrau" aber auch auf "Tochter/ Schwester" und "Sohn/Bruder" liegen Normbündelungen insoweit vor, als sowohl Partikularnormen als auch allgemeine Normen Grundlage des Verhaltens dieser Mitglieder des sozialen Bereiches sind, teilweise reziprok, teilweise nicht-reziprok.

Zusammenfassung

Jeder Mensch wird in ein Netz sozialer Beziehungen hineingeboren. Innerhalb dieses Netzes sind die Positionen besetzt und Personenkategorien entwickelt. Jeder dieser Akteure ist Mitglied in den unterschiedlichsten sozialen Bereichen. Popitz nennt dies die Mehrfach-Mitgliedschaft in sozialen Einheiten. Prinzipien, wonach sich Normierungen entwickeln, haben sich in allen Gesellschaften herausgebildet. Wobei die durch Geburt gegebene Mitgliedschaft in einer sozialen Einheit eine Besonderheit in dem Sinne darstellt, als sie ein Hineinwachsen in Orientierungswissen, Realisierungswissen und Legitimitätsglauben ermöglicht. Was den Gebrauch von Macht angeht, so setzt auch innerhalb der Familie die Durchsetzung der Normierungen die Normierung von Sanktionshandlungen voraus, womit auch regelmäßig eine Einschränkung von Machtgebrauch einhergeht. Die Ausübung der Macht muss nach Popitz durch Normen von den möglichen Gegnern in einem Konflikt auf Dritte übertragen werden.

Beim Erwachsenwerden der Kinder und dem Verlassen des Elternhauses oder bei einer Trennung der Ehepartner verändert sich die Charakteristik der sozialen Kerneinheit „Hausgemeinschaft". Von diesem Zeitpunkt an gehören die Akteure nicht mehr der gemeinsamen sozialen Kerneinheit an, deren innerer Halt und innere Verbindung in der ursprünglichen Sittennorm Voraussetzung für die Rechtsnormen „Unterhaltsrecht" oder „Erbansprüche" war. Die Konstellation der Mehrfach-Mitgliedschaft verschiebt sich. Ursprünglich als reziprok angelegte Partikularnormen entwickeln sich zu nicht-reziproken Verpflichtungs(Rechts)normen, deren Inanspruchnahme sich auf die ehemals auf Zuneigung basierende persönliche Beziehung negativ auswirkt.

Popitz geht davon aus, dass der Glaube an die Legitimation einer Norm zur Zunahme normkonformen Verhaltens führt. Davon abgeleitet werden kann, dass das Wissen um die Existenz der Unterhaltsregeln Auswirkungen auf die Verhaltensentscheidungen der Betroffenen haben wird. Benefiziare werden bei Legitimationsglauben zu normkonformem Verhalten auch dann tendieren, wenn dies moralisch bedenklich sein könnte. Normadressaten werden die Legitimation anzweifeln und zu Normbrüchen tendieren. Die Folge dieser unterschiedlichen Einschätzung der Legitimation bestehender Rechtsnormen sind umfangreiche Unterhaltsklageverfahren.

Bei diesen Unterhaltsklageverfahren findet ein umfangreicher Katalog von Rechtsnormen Anwendung. Von diesen Regelungen sind alle Männer, Frauen und Kinder betroffen, die entweder eine familiäre Verantwortung tragen, denen eine familiäre Solidarität abverlangt wird oder die ihrerseits bedürftig sind. Das Unterhaltsrecht ist durch das Anliegen, möglichst vielen Einzeltatbeständen gerecht zu werden, immer komplizierter und unübersichtlicher geworden. Unterhaltsrelevante Vorschriften finden sich längst nicht mehr nur im Grundgesetz, im Bürgerlichen Gesetzbuch (BGB) oder im Strafgesetzbuch, sondern auch als Folge davon im Sozial-, Renten- und Steuerrecht.

Die wichtigsten Rechtsnormen, die sich auf das Unterhaltsrecht beziehen, sind im folgenden dargestellt.

2.2.3 Geltende Rechtsnormen

Institutionalisierungsgrad der Normen innerhalb der Versorgungsgemeinschaft „Familie"

Die Rechtsordnung der Bundesrepublik Deutschland gliedert sich in zwei große Bereiche, nämlich das Privatrecht und das öffentliche Recht. Das Privatrecht mit dem BGB als wichtigstes Gesetzeswerk regelt die Rechtsverhältnisse der Bürger und Bürgerinnen untereinander, das öffentliche Recht, mit dem Grundgesetz als wichtigstes Gesetzeswerk, regelt das Verhältnis der Bürgerinnen und Bürger zum Träger öffentlicher Hoheitsgewalt, also gegenüber dem Staat.

Das Grundgesetz unterscheidet hierbei einmal die Individualrechte, die unmittelbar von der Bürgerin oder vom Bürger einklagbar sind, zum anderen die Staatsprinzipien (z. B. Sozialstaatsprinzip), die einen Anspruch ableiten, entsprechende Gesetzesvorschriften zu erlassen, zum Beispiel die Grundversorgung sicherzustellen und/oder sogenannte Daseinsvorsorge zu treffen (Versorgung mit Energie, Wasser etc.).

Der Rechtsordnung der Bundesrepublik Deutschland liegt ein auch von den Vätern des Grundgesetzes nach dem 2. Weltkrieg geprägter Geist zugrunde, den Dieter Hesselberger in seinem Kommentar zum Grundgesetz wie folgt beschreibt:

„Die von dem Gesetzgeber geschaffene Ordnung zwischenmenschlicher Beziehungen darf grundsätzlich niemandem Rechte an der Person eines anderen einräumen, die nicht zugleich pflichtgebunden sind und die Menschenwürde des anderen respektieren. Die Anerkennung der Elternverantwortung im Art. 6 Abs. 1 findet daher ihre Rechtfertigung nur darin, dass das Kind des Schutzes und der Hilfe bedarf, um sich zu einer eigenverantwortlichen Persönlichkeit innerhalb der Gemeinschaft zu entwickeln (BverfGE 24,119/144).(Hesselberger, Das Grundgesetz, 10. Auflage 1996, Neuwied; Kriftel; Berlin: Luchterhand, S. 66).

Hesselberger formuliert hier den Grundgedanken des Gebens und Nehmens, der unserer Rechtsordnung zugrunde liegt. Dem Anspruch auf Unterstützung kann nach dieser Philosophie immer nur die Bereitschaft zur eigenen Leistung verbunden mit den ermöglichenden Rahmenbedingungen gegenüberstehen. Im Blick auf die Elternverantwortung gem. Art. 6 Abs. 1 GG muß festgestellt werden, dass das Bundesverfassungsgericht in seiner Rechtsprechung die Rechtfertigung der Anerkennung nur auf die Zeit bezogen hat, die als Vorbereitung zum Erwachsenenleben anzusehen ist. Wenn dies allgemein so anerkannt ist, endet die Elternverantwortung mit dem Eintritt der Volljährigkeit. Zu diesem Zeitpunkt muß demnach die Möglichkeit eingeräumt werden, bei einem persönlichen Auseinanderleben auch die öknonomische Verbindung zu beenden.

2.2.3.1 Das Grundgesetz – Grundrechte

Der Staat regelt im Grundgesetz den grundsätzlichen Staatsaufbau. Dabei werden den einzelnen Personen Grundrechte eingeräumt, die zum Teil der sogenannten „Ewigkeitsklausel" unterliegen, das bedeutet, dass sie auch mit grosser Mehrheit nicht verändert werden dürfen.

Die wichtigsten Artikel der Grundrechte sind:
Art. 1 Menschenwürde; Art. 2 Allgemeine Handlungsfreiheit, Freiheit der Person, zum Beispiel Vertragsfreiheit; Art. 3 Gleichberechtigung, Diskriminierungsverbot, Art. 4 Glaubens-, Gewissens- und Bekenntnisfreiheit, Art. 5 Meinungs-, Informations-, Pressefreiheit; Art. 6 Ehe, Familie, Kinder, Art. 7 Schulwesen, Art. 8 Versammlungsfreiheit, Art. 9 Vereinigungs- und Koalitionsfreiheit, Art. 10 Brief-, Post-, Fernmeldegeheimnis, Art. 11 Freizügigkeit, Art. 12 Berufsfreiheit, Art. 12a Wehr- und Dienstpflicht, Art. 13 Unverletzlichkeit der Wohnung, Art. 14 Eigentum, Erbrecht, Enteignung

2.2.3.2 Das Bürgerliche Gesetzbuch (BGB)

Das Bürgerliche Gesetzbuch der Bundesrepublik Deutschland sieht als Unterhaltspflichten vor den Verwandten-Unterhalt (bes. Kindesunterhalt), den Familien-Unterhalt, den Unterhalt getrennt lebender Ehegatten (§ 1361 BGB) und den Unterhalt nach der Scheidung (§§ 1569ff BGB).
Abschnitt 2 „Verwandtschaft" regelt in den §§1601 ff BGB, dass Verwandte in gerader Linie verpflichtet sind, einander Unterhalt zu gewähren. (§§ 1589 ff BGB definieren, was Verwandtschaft ist und was unter „Abstammung" juristisch zu verstehen ist und welche Rechtstatbestände damit verbunden sind.) Einen Anspruch auf Unterhalt haben danach nur die Personen, die nicht in der Lage sind, sich selbst zu unterhalten (§1602 BGB). Verpflichtet zu Unterhalt ist anderseits nur die Person, die auch leistungsfähig ist (1603 BGB). Eltern minderjähriger Kinder müssen allerdings alle verfügbaren Mittel zu ihrem und der Kinder Unterhalt gleichmäßig

verwenden (§ 1603.2 BGB). Die Höhe des Unterhalts wird je nach Bedürftigkeit der Berechtigten festgelegt (§1610 BGB). Die Rangverhältnisse mehrerer Pflichtiger sind in § 1606 BGB, die mehrerer Bedürftiger in § 1609 BGB festgelegt. (Götze,Ekkehard, Rechtslexikon, Frankfurt, 1998)

§ 1607 BGB regelt eine Ersatzhaftung für den Fall, dass die Erstverpflichteten nicht in der Lage sind zu zahlen. § 1608 wiederum legt fest, dass Ehegatten oder Lebenspartner der Bedürftigen vor dessen Verwandten haften.

Das BGB regelt im Buch 4 „Familienrecht" die Einzelheiten der privatrechtlichen Beziehungen der Menschen untereinander.

2.2.3.3 Das Strafgesetzbuch (StGB)

Der Zwölfte Abschnitt des Strafgesetzbuches regelt Straftaten gegen Personenstand, die Ehe und Familie.

Der Text des § 170 StGB **Verletzung der Unterhaltspflicht**, lautet:

(1) Wer sich einer gesetzlichen Unterhaltspflicht entzieht, so dass der Lebensbedarf des Unterhaltsberechtigten gefährdet ist oder ohne die Hilfe anderer gefährdet wäre, wird mit Freiheitsstrafe bis zu drei Jahren oder mit Geldstrafe bestraft

(2) Wer einer Schwangeren zum Unterhalt verpflichtet ist und ihr diesen Unterhalt in verwerflicher Weise vorenthält und dadurch den Schwangerschaftsabbruch bewirkt, wird mit Freiheitsstrafe bis zu fünf Jahren oder mit Geldstrafe bestraft.

2.2.3.4 Die Europäische Sozialcharta

Hier handelt es sich um einen Vertrag, der durch die Mitgliedstaaten des Europarats 1961 in Turin unterzeichnet und 1965 inkraftgetreten ist. Die Charta legt unter anderem neben dem Recht auf soziale Sicherheit und Fürsorge auch das Recht der Familie auf sozialen, gesetzlichen und wirtschaftlichen Schutz fest. Dieser Bereich spielt zwar in den zwischenstaatlichen Beziehungen eine mittelbare Rolle. Im Rahmen des hier behandelten Themas werde ich dies jedoch vernachlässigen.

Zusammenfassung

Unserer Rechtsordnung liegt der Grundgedanke des gegenseitigen Gebens und Nehmens zugrunde. Niemandem sollen Rechte an der Person eines anderen eingeräumt werden, denen nicht auch Pflichten gegenüber stehen. Dieser Gedanke ist im innerfamiliären Bereich problematisch:

Die Regelungen des GG räumen jedem volljährigen Staatsbürger oder jeder Staatsbürgerin Grundrechte ein, die im Zweifelsfall einklagbar sind. Am Beispiel der freien Wahl des Wohnortes oder der Berufswahl wird deutlich, dass diese Freiheiten mit Folgekosten verbunden sind. Einerseits entzieht der Staat durch die vorgezogene Volljährigkeit und den dadurch entstehenden vollen Status des Staatsbürgers oder der Staatsbürgerin den Eltern das Recht, Wohnungs- und Berufswahl mit zu entscheiden. Andererseits zwingt er sie, die Kosten, die durch die Ausübung der Rechte entstehen, zu übernehmen. Einerseits räumt er Partnern oder Partnerinnen das Recht der freien Wohnungswahl und Berufswahl ein – und damit auch das Recht, die Familie zu verlassen -, andererseits sollen die Folgekosten im Falle von Bedürftigkeit vom davon betroffenen Partner oder der Partnerin mit getragen werden. Das gleiche gilt bei einklagbarem Recht auf gesetzlichen Erbteil. Einerseits gibt es kein einklagbares Recht auf Pflege und Betreuung oder Hilfeleistung allgemein den eigenen Kindern gegenüber. Eine „Pflicht" entsteht erst dann, wenn ein Elternteil sich nicht mehr selbst versorgen kann und deshalb in eine Pflegeeinrichtung einge-wiesen wird. Sollten diese dann entstehenden Kosten nicht vom Vermögen der Eltern gedeckt sein, werden die Kinder in Anspruch genommen.

Wenn jedoch die Kinder sich von ihren Eltern lossagen, wenn sie also jede Verbin-dung und jede persönliche Verantwortung ablehnen, und wenn Vermögen oder Einkommen in ausreichendem Umfang vorhanden ist, besteht seitens der Eltern kaum eine Möglichkeit die nicht hilfsbereiten Kinder als gesetzlich Berechtigte vom Erbe auszuschliessen.

Die Regelungen des Unterhaltsrechts richten sich nach den Beziehungen der betroffenen Parteien. Der Stellenwert dieser Beziehungen zwischen Berechtigten und Verpflichteten wird jedoch faktisch von der Gesellschaft definiert. Dabei spielt das Interesse des Gemeinwesens an der Stabilität der Institution im Blick auf die vom Staat gewährten Schutzmechanismen eine zentrale Rolle. Probleme ergeben sich insbesondere daraus, dass Gesetzesnormen vielfach eine Verfestigung des zum

Zeitpunkt ihres Entstehens in der Gesellschaft herrschenden Wertekanons darstellen. Die Weiterentwicklung oder Veränderung der Wertvorstellungen sowie die Veränderung der Situation für die Schutzbedürftigen und die damit einhergehende Veränderungen der Prioritäten führen bei den Berechtigten zu falschen Lebensplanungen und damit in Abhängigkeit zu Anderen und bei den Verpflichteten zu nicht vorhersehbaren Belastungen.

3. Zwischenanmerkungen zu Platons Aufbau des Staates

Bei der Beurteilung der Berechtigung oder Ungerechtigkeit von einklagbaren Unterhaltsansprüchen spielen die dem Anspruch zugrundeliegenden interpersonalen Beziehungen innerhalb der Familie die zentrale Rolle. Fallen diese weg, aus welchen Gründen auch immer, so ist jede Anspruchsgrundlage in Frage zu stellen.

Ein für diese Thematik interessantes extremes Modell zu interpersonalen Beziehungen hat Platon in seiner Schrift „Der Staat" (Buch II 372d-V466d) entwickelt. Hier werden die für diesen Bereich typischen Konflikte analysiert und Überlegungen angestellt, wie diese Schwierigkeiten innerhalb der Gesellschaft vermieden werden könnten.

Seine Idee geht davon aus, dass die einzelne Person nur dann glücklich ist, wenn das Gemeinwesen es ist. Das Wohl des Ganzen steht dabei über dem Wohl des Einzelnen.

Der Staataufbau soll aus drei Funktionsgruppen bestehen: Handwerker, Krieger und Philosophen. Konflikte sollen durch eine strikte Aufteilung von Kompetenzen zwischen den Funktionsgruppen vermieden werden. Vor allem:

- zwischen Reichen und Armen (IV 421c-422a) durch das Verbot, Silber und Gold zu besitzen;

- zwischen Männern und Frauen, durch den Zugang der Frauen zur Gruppe der Krieger (V 451-457c), und

- unter den Familien und zwischen den Generationen durch die Frauen- und Kindergemeinschaft (V460b-d).

Platon beschreibt hier auf das Gemeinwesen bezogen praktisch die Konfliktbereiche, die auch beim geltenden Unterhaltsrecht auf die Familie bezogen eine Rolle spielen:

- Zwischen Arm und Reich: Die Familienmitglieder, die finanziell erfolgreich sind, müssen an die armen Familienmitglieder zahlen;

- Zwischen Männern und Frauen: Männer haben häufig die besseren beruflichen Erfolge. Frauen sind schon durch die mit dem Gebären verbundenen Vorgänge als Mütter, aber auch als potentielle Mütter innerhalb der Strukturen der Arbeitswelt benachteiligt. Die im Zusammenhang mit der Familienplanung und mit Rücksicht auf diese gemachten Entscheidungen zur eigenen Lebensplanung führen häufig im späteren Leben dazu, auf Unterhalt angewiesen zu sein.

- Die durch das Unterhaltsrecht entstehenden unbefristeten ökonomischen Bande führen als Folge einer emotionalen sexuellen oder emotionalen familiären Beziehung zu gegenseitigen Abhängigkeiten und gegenseitigem Anspruchs- denken.

Platon versucht, die beschriebenen Problemfelder aufzulösen, indem er die konflikt- beladenen Beziehungen aus dem Zwischenmenschlichen herausnimmt und in das Verhältnis Bürger/Bürgerin und Gemeinwesen verlagert. Seinen Überlegungen zur sozialen Gliederung der Polis liegt dabei immer der Gedanke zugrunde, dass nur das Gemeinwesen und dessen Stabilität und Sicherheit von Bedeutung sei. (Ein Gedanke, der dem ursprünglichen Geist des „ganzen Hauses" oder bei Max Weber der Hausgemeinschaft entspricht).

Platons Lösungsansätzen liegen bestimmte Grundgedanken zugrunde, zum Beispiel, dass kein Mensch mehrere Berufe gleichzeitig vernünftig ausüben kann (II 374a), dass aber jeder und jede die Tätigkeit ausüben soll, die er oder sie am besten beherrscht. Die Besonderheit zwischen den Geschlechtern wird lediglich darin gesehen, dass die Frau gebärt und der Mann zeugt. Das Gebären selbst und die Betreuung des Nachwuchses aber wird nicht als Beruf gesehen, sondern als etwas, was sozusagen parallel zum Beruf geschieht. (Er führt dazu das Beispiel von weiblichen Schäferhunden an, die auch bei Gebären und Ernähren der Jungen weiter ihren Wachdienst ausüben, Buch V 451d). Darüber hinaus darf niemand persönlich Eigentum besitzen. Eine Familie in dem Sinne einer Blutsverwandtschaft soll es nicht geben.

Aus diesen Grundgedanken entwickelt Platon im Buch V für die mögliche Errichtung eines gerechten Staates zur Frauenfrage und zur Frauen- und Kindergemeinschaft unter anderem folgende konkrete Vorschläge:

- Frauen sind zu gleichen Tätigkeiten wie Männer fähig, also auch zum Wächterdienst; (Buch V 456b)
- Sie müssen sich ebenfalls am Krieg- und dem sonstigen Wachdienst für den Staat beteiligen und auf jede andere Tätigkeit verzichten; (wie vor)
- Diese Frauen sind all diesen Männern gemeinsam. (V 457d)
- Zusammenleben von Mann und Frau gibt es nicht .(V 457c)
- Auch die Kinder sollen gemeinsam sein. (V 457d)
- Sie kennen weder Mutter noch Vater.(V 457d)
- Alle Kinder, die geboren werden, nehmen die dazu bestellten Behörden an sich. (V 460b)

- Mütter werden in die „Anstalt" gebracht zum Stillen. Keine Mutter darf ihr eigenes Kind erkennen. (V 460d)
- Die Festlegung, wer Tochter oder Sohn ist, erfolgt wie folgt: „..alle Kinder, die geboren werden im zehnten oder im siebenten Monat von dem Tage der Vermählung an, wird der Betreffende sämtlich Söhne [...] oder Töchter [...] nennen und jene werden ihn Vater nennen: und so auch deren Kinder: er wird sie Enkel und sie ihn Großvater nennen und so auch Großmutter" (V 461 d-e)
- Diejenigen, die in der Zeit geboren wurden, in denen ihre Mütter und Väter zeugten, sind Schwestern und Brüder. (V 461e)

Wenn auch diese Überlegungen viele elementare Zusammenhänge vernachlässigen (zum Beispiel das natürliche Besitzstreben, den mütterlichen Instinkt, die emotionale Bindung zwischen einer Frau und einem Mann etc.), so ist doch zu erkennen, dass hier strukturelle Schwachstellen im interpersonellen Bereich aufgezeigt werden, als deren Folge Hauptkonfliktpotentiale existieren.

Steuervergünstigungen, beitragsfreie Mitversicherung in allen Sicherungssystemen aber auch Unterhaltsansprüche sind als „Entlohnung" der erbrachten Leistungen im Zusammenhang mit Ehe und/oder Elternschaft anzusehen. Platon würde dies an die Frage knüpfen, ob die „Entlohnten" überhaupt die dafür erforderlichen Fähigkeiten mitbringen.

Die Erkenntnisse aus Platons Modell können sich in verschiedenen Ansätzen niederschlagen:

- Einmal darin, dass jeder Mensch eine eigene seinen Fähigkeiten entsprechende entlohnungsfähige Berufstätigkeit haben sollte, die unabhängig von Familie und Elternschaft bleibt.

- Zum anderen sollten für alle Kinder von der Geburt an professionelle Betreuung und Versorgung durch dafür qualifizierte Personen in pädagogisch hochwertigen Einrichtungen zur Verfügung stehen. Das würde einerseits dem Anspruch nach Chancengleichheit entsprechen. Andererseits würden solche Einrichtungen einen Part im Leben eines Kindes einnehmen, der in seiner Beständigkeit und Verläßlichkeit eine Stabiliät vermittelt, die unabhängig vom Erfolg oder Mißerfolg der Partnerschaft der Eltern existiert.

- Darüber hinaus sollten Konfliktlösung aus dem interpersonalen familiären Bereich herausgenommen werden und zwischen dem Individuum und dem Gemeinwesen ausgetragen werden. Das heisst, im Streitfall dürften die Ansprüche nicht mehr gegen eine bestimmte Person innerhalb der Familie gerichtet sein, sondern zwischen Person und Staat geregelt werden.

4. Zusammenfassung

Beim Unterhalt handelt sich um ein Zurverfügungstellen der Gelder, die für die Lebenshaltungkosten notwendig sind, wobei die davon abgedeckten Bedürfnisbereiche die gesamte Maslowsche Bedürfnispyramide betreffen können: Körperliche Grundbedürfnisse, Sicherheit, soziale Beziehungen, soziale Anerkennung, Selbstverwirklichung. Indem die Berechtigten sich auf die Zuwendung verlassen, führt die bloße Existenz des Anspruchs häufig zu einer falschen Lebensplanung. Wenn die Lebenshaltungskosten durch eine andere Person bezahlt werden, so führt dies jedoch keinesfalls dazu, dass die vorgenannten Bedürfnisse tatsächlich befriedigt werden. In der Realität hat die Anspruchsdurchsetzung auf Unterhalt gegenteiligerweise sogar den Effekt, dass weder persönliche Sicherheit gewährleistet wird, noch soziale Beziehungen verbessert werden. Auch soziale Anerkennung oder Selbstverwirklichung als Lebensziele werden kaum erreicht, wenn die dafür notwendigen ökonomischen Erfordernisse nur über ein Abhängigkeitsverhältnis zu einer anderen Person abgedeckt werden können, womöglich noch vor Gericht erstritten.

Die Rechtsprechung westlicher Industriestaaten in Fragen des Unterhalts aber auch was Ansprüche auf das Vermögen des Ehepartners oder der Ehepartnerin angeht, ist zwar sehr unterschiedlich, sie treibt jedoch besonders auch in den USA die abenteuerlichsten Blüten (Beispiel: Das vor laufenden Fernsehkameras ausgetragene öffentliche Verfahren Boris Becker-Barbara Becker. Wenn Frau Becker gefragt worden wäre, ob sie sich als moderne emanzipierte Frau ansehen würde, hätte sie mit Sicherheit mit „Ja" geantwortet. Was sie nicht hinderte, ihren erfolgreichen Mann auf Millionen zu verklagen. Wofür?)

Die Art und Weise, wie die Sicherstellung der Bedarfsdeckung geregelt ist, macht den Stellenwert von Familie und Ehe, die innerhalb dieser Institutionen in der Vergangenheit geltenden Strukturen, sowie die Art der Beziehungen zwischen den Generationen zur Zeit der Normsetzung deutlich. Sie macht jedoch auch deutlich, welche negativen Folgen versäumte Anpassung an Realitäten haben können, zum Beispiel, wie vorher ausgeführt, mit einer falschen Lebensplanung.

Eine eigenverantwortliche individualisierte und emanzipierte Bedarfsdeckung von eigenen Bedürfnissen führt demgegenüber dazu, zum einen frühzeitig eigene Kräfte zu mobilisieren, um Verantwortung für die eigene Lebensplanung zu übernehmen, zum anderen verhindert sie, beim Eingehen einer Partnerschaft in Abhängigkeit zu geraten. (Die geltenden Regelungen beeinflussen darüber hinaus in hohem Maße das Anspruchsdenken sowohl der Individuen untereinander als auch der Individuen gegenüber dem Gemeinwesen.)

Generell muss unterschieden werden, ob sich eine Theorie der Gerechtigkeit auf das Verhältnis des einzelnen Menschen gegenüber der Gesellschaft, dem Gemeinwesen, dem Staat, bezieht oder ob diese Theorien das Verhältnis Mensch zu Mensch, die Regeln innerhalb einer sozialen Beziehung also, betreffen. Die Rechte und Pflichten einer Staatsbürgerin oder eines Staatsbürgers gegenüber dem Gemeinwesen, sind relativ vergleichbar und für alle betroffenen Parteien gleichwertig zu behandeln.

Anders ist dies für die Verhältnisse der Menschen zueinander und untereinander. Hier hängen Rechte und Pflichten davon ab, in welcher sozialen Beziehung diese zueinander stehen. Sie sind außerdem abhängig von der Lebensphase, von der individuellen Situation, von der Rolle, die jemand im Gemeinwesen innehat aber auch, welche Rechte und Pflichten mit dieser Rolle verbunden sind. Das Verhältnis von Rechten und Pflichten aber hängt ab von der Wertigkeit, die einer sozialen Beziehung von der Gesellschaft zuerkannt wird. Die Rahmenbedingungen, die der Staat hierfür als „Spielregeln" vorgibt, müssen der Fürsorgepflicht in dem Sinne entsprechen, als sie ein Miteinander im Gedanken der Gerechtigkeit als Fairness sicherstellen.

John Rawls (siehe oben Seite 13 ff) hat zwei zentrale Grundsätze aufgestellt, die seine Vorstellungen von Gerechtigkeit konkretisieren: das Freiheitsprinzip, wonach jedermann gleiches Recht auf ein umfangreiches System gleicher Grundfreiheiten haben soll, und das Differenzprinzip, wonach Ungleichheiten nur dann gerechtfertigt sind, wenn sie allen zum Vorteil dienen oder wenn sie mit Positionen und Ämtern verbunden sind, die allen offen stehen. Es handelt sich hier um Gerechtigkeitsvorstellungen, die als Anspruch an staatliche Institutionen anzusehen sind. Von diesen leitet Rawls auch Rechte und Pflichten des einzelnen Bürgers oder der einzelnen Bürgerin ab. Auf das Unterhaltsrecht angewandt, muß festgestellt werden, dass in dem Moment, in dem die häusliche Gemeinschaft aufgegeben wird und die emotionale Bindung beendet ist, die Regelungen des Unterhaltsrechts, die dies als Voraussetzung haben, mit den von Rawls formulierten Inhalten nicht mehr vereinbar sind. Die Freiheit der durch das Gesetz verpflichteten Personen wird in einem Maße eingeschränkt, dass keine vernünftige weitere Lebensplanung mehr möglich ist. Die Institution „Unterhaltsrecht" kann daher im Sinne von Rawls' Vorstellungen nicht als gerecht bezeichnet werden.

Anders ist dies bei Robert Nozick (siehe oben Seite 28 ff), wenn man seinen innerhalb seiner Anspruchstheorie formulierten Grundsatz der gerechten Übertragung zugrundelegt. Da der Unterhaltsanspruch gesetzlich geregelt ist, könnte man zu dem Schluß kommen, dass es sich bei der Unterhaltszahlung um eine „gerechte Übertragung" handelt.

Zu einer andere Sicht der Dinge kommt Nozick allerdings im Blick auf die Abgaben auf Arbeitseinkommen. Hier führt er aus, dass diese Abgaben als einklagbarer Anspruch auf Arbeitszeit und damit auf Lebenszeit der Menschen anzusehen sind und daher abzulehnen. Diese Auffassung und sein Grundgedanke, dass jedem Einzelmenschen unveräußerliche Rechte zustehen und dass jeder und jede mit je einem selbständigen Leben und mit persönlichen Rechten ausgestattet ist, die nicht gegeneinander aufgerechnet werden können und auf die auch der Staat keine Zugriffsberechtigung hat, verdeutlichen auch, wie moralisch bedenklich die geltenden Unterhaltsregelungen einzuschätzen sind. Geltendes Unterhaltsrecht räumt einer erwachsenen Person einen Anspruch auf das Einkommen einer anderen erwachsenen Person ein und damit auf dessen Arbeitskraft und Lebenszeit.

Höffe (siehe oben S. 35 ff) stellt in seiner Theorie der politischen Gerechtigkeit statt der Verteilung den Gedanken des Tausches in den Mittelpunkt und knüpft daran die Frage, welche Dinge getauscht werden und was die von der Gesellschaft zu verteilenden Güter sind. Er beschreibt einen fiktiven Gesellschaftsvertrag der zeigen soll, dass jeder von den gesellschaftlichen Regelungen einen Vorteil erhält und dass deshalb die staatlich gewährten Rechte allgemein zustimmungspflichtig sind. Die Teilnehmer am Gesellschaftsvertrag leisten gegenseitigen Freiheitsverzicht, was auch bedeutet, dass sie gegenseitig darauf verzichten, in die Freiheit der anderen einzugreifen.

Auf die geltenden Unterhaltsregelungen bezogen ist in den bisherigen Ausführungen aufgezeigt worden, dass nach Beendigung der sozialen Beziehung eine dem Anspruch gegenüber stehende Gegenleistung nicht zu erkennen ist. Berücksichtigt man noch die gravierenden Eingriffe in persönliche Rechte und in die Freiheit der Verpflichteten, so ist zu erkennen, dass das geltende Unterhaltsrecht auch mit der sozialen Gerechtigkeit als Tausch, wie Höffe sie formuliert, nicht vereinbar ist.

Die vorstehenden Überlegungen führen zu der Frage, wieviel Staat wir brauchen, damit das Zusammenleben der Menschen unter vernünftigen Gesichtspunkten abläuft. Dies wiederum hängt ab vom Spannungsfeld zwischen dem Bedürfnis der Menschen nach klaren Regeln einerseits, und soviel wie möglich Handlungsfreiheit in einem solchen System der Regeln andererseits. Zugewiesene Pflichten und zuerkannte Rechte müssen in einem für alle einleuchtenden Verhältnis zueinander stehen. Unverhältnismäßige Begünstigungen führen zu einer negativen Klimaentwicklung und verführen darüberhinaus zum Missbrauch von Regeln einer ursprünglich durchaus positiven Grundidee.

Gesellschaftssysteme sind so entstanden, dass der einzelne Mensch innerhalb der Gruppe nur der kleine Teil eines grossen Gebildes war. Die Gruppe bot Sicherheit und Überlebensmöglichkeit. Während ursprünglich die Familie die einzige Gruppe war, die diese Sicherheit bot, ist nach und nach eine Gesellschaft entstanden, die dem Einzelnen Strukturen bietet, innerhalb derer er durchaus alleine leben kann. Es gab eine Ausdehung des Bereichs der Zugehörigkeit ,aber auch der Autorität, von der Familie, über Kommune zum Zentralstaat. Während ursprünglich die Menschen für die Gruppe arbeiteten, ist heute die Gruppe (der Staat) Dienstleister zur Ermöglichung der Individualität. Instrumente, deren Berechtigung davon abzuleiten waren, dass die Adressaten reziprok Verpflichtete waren, haben ihre Existenzberechtigung in dem Augenblick verloren, wo die Benefiziare nicht mehr als Gegenleister auftreten.

Bei der Zusammenfassung der Überlegungen zur Beantwortung Frage nach den ethischen Problemen beim Rechtsanspruch auf Unterhalt muß man sich die Kernelemente der Struktur des Unterhaltsrechts nochmals vergegenwärtigen:

Ansprüche und Verpflichtungen können kraft Gesetzes zwischen Verwandten in gerader Linie, zwischen Vater und Mutter eines nichtehelichen Kindes, zwischen Ehegatten und zwischen Partnern beendeter Ehen entstehen. Anspruchsgrund ist der Tatbestand der Verwandtschaft, und zwar hauptsächlich innerhalb der Institutionen „Ehe" und des „Eltern-Kind-Verhältnisses". „Verwandtschaft" aber ist entweder die Folge der durch sexuelle Vereinigung entstandene Blutsverwandtschaft oder die als Folge eines vertragsähnlichen Verfahrens entstandene Verwandtschaft in der Ehe oder neuerdings bei der Lebenspartnerschaft. Die so entstehenden sozialen Gebilde werden mit dem Oberbegriff „Familie" bezeichnet. Es handelt sich um eine soziale Primärform, in der fast jeder Mensch am Anfang seines Lebens seine Aufzucht und Sozialisation erlebt und deren Sinngehalte er oder sie aktiv mitgestaltet hat.

Das große Leitmotiv der Familie der Vergangenheit war das Prinzip des Patriachats. Eine hierarchisch aufgebaute Struktur, an deren Spitze der Patriarch mit allen Autoritäten ausgestattet war und innerhalb derer die übrigen Mitglieder sich unterzuordnen hatten. Demgegenüber stand die stützende und verläßliche Funktion der Absicherung nicht nur in Notzeiten. Nach dem Fortfall der Zusammenarbeit auch zum Erwirtschaften des gemeinsamen Unterhalts wurde jedoch die Vorstellung vom allein verantwortlichen Hausvater, der selbstverständlich auch den Unterhalt der übrigen Familienmitglieder sicherstellen mußte, immer mehr in Frage gestellt. Die dem gemeinschaftlichen Wirtschaften zugrundeliegende Interessengemeinschaft wurde nach und nach durch eine Beziehung ersetzt, bei der die gegenseitige Zuneigung im Vordergrund steht, die aber im übrigen allen Beteiligten die größtmögliche Individualität und Wahrnehmung von persönlichen Freiheiten auch außerhalb der Hausgemeinschaft ermöglicht. Diesem Wandel der Charakteristik des familiären Zusammenlebens hat geltendes Recht bisher noch nicht voll umfänglich entsprochen..

Rüdiger Peuckert führt im Kapitel über den Bedeutungswandel der Institution Ehe aus, dass der Rückgang der Heiratsneigung mit „folgenden historisch-sozialen Wandlungsprozessen" zu erklären sei (S. 49):

- „Die Zunahme der Bildungs- und Erwerbsbeteiligung vergrößert die Unabhängigkeit der Frauen, die heute weniger auf eine Versorgung durch einen Partner angewiesen sind und weniger von der traditionellen Arbeitsteilung in der Ehe profitieren als die Männer. Die höchste Ledigenquote unter allen 35- bis 44jährigen weisen die Männer und Frauen mit Hochschulabschluß auf.

- Das unverheiratete Zusammenleben als Paar und das Alleinwohnen sind als Folge der veränderten Sexualmoral kulturell akzeptabler geworden.

- Die Gleichstellung ehelicher und nichtehelicher Kinder und die nachlassende Diskriminierung nicht verheirateter Mütter erleichtern Elternschaft auch außerhalb der Ehe.

- Die gestiegenen Mobilitätserfordernisse der Industriegesellschaft (besonders die verlangte Berufsmobilität) fördern das Alleinwohnen und die Ehelosigkeit. Die langfristige (eheliche) Festlegung auf einen Partner bzw auf eine Partnerin wird strukturell erschwert.

- Der Rückgang der Kinderzahl bewirkt auch einen Rückgang der Eheschließungen, da das Motiv der kindorientierten Ehegründung häufiger entfällt."

Peuckert führt dann weiter aus, dass die Ehe jedoch auch heute noch Vorteile gegenüber alternativen Lebensformen bietet. Er führt dies zurück auf die nach wie vor vorhandene „Priviligierung auf dem Gebiet des Familien- und Sozialrechts".

Hierzu führt Peuckert die folgenden Beispiele an:

- Der gegenseitige Unterhaltsanspruch der Ehegatten;
- im Fall der Ehescheidung Anspruch auf Unterhalt des bedürftigen Ehegatten und Mitbeteiligung der Ehegatten an der beiderseitigen Altersversorgung und am während der Ehe erworbenen Vermögen;
- Vorteile aus dem Ehegattensplitting bei der Einkommensteuer;
- Mitversicherung der nicht berufstätigen Ehefrau in der gesetzlichen Krankenversicherung und in der Pflegeversicherung bei vollem Leistungsanspruch;
- das gesetzliche Erbrecht gegenüber dem verstorbenen Ehegatten. (S. 49)

Mit anderen Worten, die verbliebenen Vorteile einer Ehe, also der nach dem Verlust der gemeinsamen Produktionsfunktion sich ergebende neue Sinngehalt für eine eheliche Verbindung, sieht Peuckert ausschliesslich in ökonomischen Gewinnen, und das für eine Verbindung, in der die Sexualität an Bedeutung zugenommen hat und untrennbar an die Liebe gebunden wird. Wenn Sexualität mit seiner Bedeutungssteigerung und der Verbindung in gegenseitiger Liebe die zentrale Rolle bei einer heutigen Eheschließung spielen, so wird hier dementsprechend die Gegenleistung für „Liebe" und „Sexualität" in geldwerten Vorteilen aufgerechnet, was als höchst bedenklich einzustufen ist. (Es gibt Berufsgruppen, in denen „Liebe" käuflich angeboten wird.)

Bei der Beurteilung der moralischen Berechtigung der dem Unterhaltsrecht zugrundeliegenden Anspruchsgründe ist daher zu bedenken, dass die als Grundlage dienenden Institutionen sich in einem dauernden Prozeß der Veränderung befinden. Die Regelungen des Unterhalts, aber auch die Regelungen des Erbrechts oder auch die Zugewinngemeinschaft in der Vermögensaufteilung innerhalb der Ehe, denen ursprünglich der Gedanke der langfristigen Gemeinsamkeit zugrunde lag, sind nicht mehr zeitgemäß. Sie können hier bei der zunehmenden Individualisierung der Beteiligten zu gegenseitigem Mißtrauen und damit zu Fehlentwicklungen führen. Indem sie einerseits gegenseitige Abhängigkeit, andererseits aber auch Anspruchsdenken erzeugen, wirkt sich ihre bloße Existenz äußerst negativ auf die innerfamiliären Beziehungen aus und verhindert so eine wirkliche Emanzipation der einzelnen Personen.

Der Wandel von der gemeinsamen Produktionsstätte zur in erster Linie auf emotionaler Basis funktionierenden Gemeinschaft stellt alle Beteiligten vor großen Herausforderungen. Das gilt sowohl für das partnerschaftliche Verhältnis als auch für die Beziehung zwischen Eltern und erwachsenen Kindern

Allgemein kann daher festgehalten werden: Wenn eine Beziehung vorhanden ist und gelebt wird, ist ein gegenseitiger Unterhaltsanspruch und/oder eine Unterhaltsverpflichtung durchaus als selbstverständlich anzusehen, und sie wird in der Regel auch akzeptiert. Hier liegt die Übernahme von Verantwortung zugrunde für Bereiche, innerhalb derer die Verpflichteten Einflußnahme ausüben können. Dies alles endet jedoch mit Beendigung der Beziehung und Aufgabe der Hausgemeinschaft.

Nach wie vor herrscht die Vorstellung vor, dass es zum "normalen" Leben eines Staatsbürgers, einer Staatsbürgerin, gehört, eine Familie zu gründen und Kinder zu haben. Das heißt, eine sexuelle Dauerbeziehung einzugehen, eine Hausgemeinschaft zu gründen und deren ökonomische Sicherheit zu gewährleisten. Nach wie vor gilt dabei so etwas wie ein - heute mehr unterschwelliges - „Wunschdenken", wonach diese sexuelle Dauerbeziehung lebenslange Geltung haben sollte. Dieses Denken herrscht zumindest zur „Hoch-Zeit" der Liebe vor. Die Lebensplanungen zum Zeitpunkt der Gründung sehen entsprechend aus, sowohl was Berufswege angehen als auch im Blick auf Alterssicherheit und Vorsorge.
Der Staat unterstützt diese theoretischen Überlegungen, indem die Institution „Ehe" in der Verfassung als schützenswert eingestuft wird. Damit ergibt sich der Auftrag an den Gesetzgeber, entsprechende Gesetze zum Schutz dieses „Dauergedankens" zu erlassen. Abzulesen ist dies an der in Kranken- und Rentenversicherung kostenfrei vorgesehenen Mitversicherung der Partnerin oder des Partners, aber auch am Gedanken der Zugewinngemeinschaft, die auch die Partner oder die Partnerinnen begünstigt, die nichts zum Vermögenszuwachs beigetragen haben.
In der Realtität endet jedoch ein großer und immer noch zunehmender Teil der Ehen nach mehr oder weniger langer Zeit.

Wenn jedoch für das Eingehen einer gesetzlich reglementierten Dauergemeinschaft die gegenseitige Zuneigung als erster Entscheidungsgrund anzusehen ist, führt das zur Beendigung der sozialen Beziehung in dem Augenblick, wo die positiven Gefühle füreinander verloren gehen, aus welchen Gründen auch immer. Das gilt für Ehepartner ebenso wie für das Verhältnis zwischen Eltern und Kindern. Von dem Augenblick an bleibt nur noch die Struktur der normativen Regelungen, deren innere Akzeptanz damit nicht mehr gegeben ist. Eine Legitimation für diese Normen, also auch für die gesetzlich einklagbaren Unterhaltsansprüche, hat aufgehört zu existieren. Von da an bleibt lediglich noch die Vorstellung eines Eigentums am anderen Menschen, an dessen Arbeitsleistung und damit an dessen Lebenszeit. Mit der Beendigung der gemeinsamen Hausgemeinschaft endet im übrigen meist auch die Möglichkeit der Einflußnahme auf die mitzuverantwortenden Entwicklungen und Verhältnisse im Leben der Unterhaltsberechtigten.

Zur Wahrung der persönlichen Würde aller Beteiligten ist es unbedingt zu fordern, dass bei Aufgabe der Hausgemeinschaft und der damit verbundenen Vermutung, dass die gegenseitige Zuneigung beendet ist, auch alle ökononomischen zwischenmenschlichen Verbindungen beendet werden können. Dies setzt allerdings voraus, dass die Strukturen der Sicherungssysteme und des Eigentums- und Erbrechts diesem Anspruch angepasst werden müssen. Wenn dem Staat an einer Stabilität der Institution „Ehe" gelegen ist, müssen die Entwicklungen der Individualisierung umgehend ihren Niederschlag in den Rechtsnormen finden.

Es hat verheerende Folgen für die Heiratsbereitschaft und für die Bereitschaft zur Elternschaft, wenn mit dieser Entscheidung eine lebenslange „Bedrohung" in dem Augenblick verbunden ist, wenn die emotinale Beziehung endet. Wenn im persönlichen Bereich schon Enttäuschungen zu verkraften sind, sind zusätzliche finanzielle Desaster nur noch als persöhnliche Katastrophe zu bezeichnen.
Die unmittelbaren Folgen dieser „Bedrohung" sind im Rückgang der Heirats- bereitschaft und der Geburtenzahlen abzulesen. Elterngeld oder Kindergeld gleichen richtigerweise wirtschaftliche Belastungen und/oder Benachteiligungen durch Kinder während der Aufzucht aus. Ein Weiterwirken über die Jahre des Kindseins – oder die Jahre der Ehe – hinaus, stellt eine deutliche Überforderung dar.
Die Regelungen zum einklagbaren Recht auf Unterhalt verleiten dazu, dass Menschen die rechtlichen Möglichkeiten ausschöpfen einzig und alleine aus dem Grund, weil sie gegeben sind. Dass sie sich selbst eine Berechtigung ableiten aus dem Recht, und nicht aus dem dahinterstehenden Sinngehalt oder dem „Anspruchsgrund". Als Folge davon ist zum Beispiel auch heute noch bei jungen Frauen die Vorstellung weit verbreitet, mit der Ehe sei die Option verbunden, aus dem Beruf auszuscheiden und mit der Mutterschaft sei die Berufstätigkeit notwendigerweise entweder ganz oder teilweise oder vorübergehend aufzugeben.
Diese Haltung, die durchaus eine Folge vorhandener Strukturen innerhalb des Rechtssystems, aber auch innerhalb der Arbeitswelt oder auch im familiären Bereich ist, hat schwerwiegende Folgen für die Lebensplanung der jungen Menschen .

So, wie durch die Erweiterung des Familien-Vertrages zu einem Generationenvertrag die Abhängigkeit der Eltern von ihren Kindern überwiegend aufgelöst wurde, muss durch grundlegende Gesetzesänderungen dafür gesorgt werden, dass die Abhängigkeiten von Kindern zu Eltern, von Eltern zu Kindern aber auch von Ehepartnern untereinander durch entsprechende Strukturveränderungen des Rechtssystems aufgelöst werden. Nur eine rigorose Emanzipation aller Erwachsenen mit Schutzmechanismen für die Elternschaft und für die Nachkommen für die Zeit der Aufzucht kann eine positive Entwicklung für Ehe und Familie auf Dauer gewährleisten.

Forderungen an die Politik

Aus den vorstehenden Ausführungen lassen sich gegenüber der Politik folgende Forderungen ableiten:

- Jeder erwachsene Mensch sollte ein von einem anderen erwachsenen Menschen unabhängiges Einkommen – wenigstens ein Mindesteinkommen – haben.
- Jeder erwachsene Mensch sollte eine von jedem anderen erwachsenen Menschen unabhängige Sicherung im Krankheitsfalle haben.
- Jeder erwachsene Mensch sollte eine von jedem anderen erwachsenen Menschen unabhängige Altersversorgung haben.
- Kein erwachsener Mensch sollte gegenüber einem anderen erwachsenen Menschen ein einklagbares Recht auf Zahlung von Unterhalt haben.
- Kein erwachsener Mensch sollte gegenüber einem anderen erwachsenen Menschen einen einklagbaren Anspruch auf Vermögen haben.
- Kein erwachsener Mensch sollte im Falle von Nachkommen eine lebenslängliche einklagbare Verpflichtung gegenüber den Nachkommen haben.
- Kein erwachsener Mensch sollte gegenüber den Erzeugern ein lebenslanges einklagbares Recht auf Unterhalt haben.
- Kein erwachsener Mensch sollte ein einklagbares Recht auf Erbschaft haben. Im übrigen müßte das gesamte Erbrecht den veränderten Bedingungen der Gesellschaft angepaßt werden, so dass ein erheblicher Teil der Vermögen an die

Gesellschaft zuruckfließt, aus deren Mitte sie ja auch irdgendwann entstanden sind.

Kinder zu haben ist eine gesellschaftspolitische Aufgabe. Aus diesem Gedanken heraus ergeben sich weitere Zielvorstellungen:

- Während der Schwangerschaft wird der Beruf normal weiter ausgeübt.
- Für diese Zeit und für die Zeit nach der Geburt bis zu einem bestimmten Alter des Kindes wird die Arbeitszeit nach Bedarf gekürzt bei vollem Lohnausgleich.
- Die anfallenden Fehlzeiten müssen von den Menschen erbracht werden, die in ihrem Privatleben keine Betreuungsaufgaben wahrnehmen.
- Für Kinder entsteht von der Geburt an ein persönlicher Anspruch auf pädagogisch wertvolle Betreuungseinrichtung. Diese Betreuungseinrichtungen werden ausschließlich aus Steuermitteln finanziert.
- Steuervergünstigungen werden nur der „Elternschaft" gewährt.
- Steuervergünstigungen bleiben jedoch auch als Großeltern erhalten, da hier in der Regel freiwillig Pflege und Vermögen an Kinder und Enkel fließt.

Es werden Einwendungen kommen, dass diese Maßnahmen möglicherweise zu erheblichen Belastungen der öffentlichen Hand oder auch der Sicherungssysteme führen könnten. Demgegenüber ist anzumerken:

- Wenn jeder Mensch ein eigenes Einkommen hat, wird er oder sie auch eigene Steuern abführen. Durch eigenes Einkommen entfällt die Notwendigkeit, Unterhalt zu erhalten.
- Die weit verbreitete Unsitte, dass Ehefrauen nur einen Minijob annehmen oder sogar nur „schwarz arbeiten", weil sie ja über ihren Ehemann voll abgesichert sind, wird durch die Abschaffung der Drittversorgung mindestens stark eingeschränkt werden.

- Es könnte eingewandt werden, dass heute schon nicht genug Arbeitsplätze zur Verfügung stehen. Tatsache ist jedoch, dass die, die Arbeit haben, meist sehr viel arbeiten. Wenn nun im Sinne einer Arbeitsteilung einkommensbezogene und familienbezogene Beschäftigungen partnerschaftlich aufgeteilt werden, werden auch genug Arbeitsplätze zur Verfügung stehen.

- Wenn jeder Mensch eine eigene Krankenversicherung oder Alterssicherung hat, müssen auch eigene Beiträge abgeführt werden, dass erhöht die Einnahmen der betreffenden Einrichtungen und kann zu Beitragsminderungen führen. Die Nebenkosten für Arbeit könnten sinken.

- Wie oben bereits vermerkt, sollten große Vermögen, die ja aus der Gesellschaft erworben wurden, durch Anpassung des Erbrechts zu einem großen Teil wieder in die Gesellschaft zurückfließen, aus der es ja auch irgendwann entstanden ist. Denkbar wäre hier eine Art Stiftung, wo Gelder aus Erbschaften zweckgebunden in Aufgaben fließen, die für die Fortentwicklung der Gesellschaft wichtig sind, zum Beispiel Forschung und Bildung.

- Wenn nur noch Elternschaft subventioniert wird, fallen Steuervergünstigungen für kinderlose Ehen weg.

- Ein Teil der Sicherung der Nachkommen muß aus der Arbeitswelt geleistet werden. Die Arbeitswelt benötigt Nachwuchs und sollte daher an der Verantwortung dafür von Anfang an beteiligt werden. Allerdings nicht durch betriebseigene Kinderbetreuung (die ist in pädagogisch wertvollen allgemeinen und wohnortnahen Einrichtungen besser aufgehoben), sondern in der Form, dass Elternschaft innerhalb der Betriebsorganisationen aktiv gelebt werden kann und die dadurch entstehenden Lasten auf alle Mitarbeiterinnen und Mitarbeiter verteilt werden.

Im übrigen müßten für alle Umstrukturierungsmaßnahmen entsprechende Übergangszeiten vorgesehen werden. Viele Menschen, insbesondere Frauen, im fortgeschrittenen Alter haben rückwirkend keine Möglichkeit, die im Blick auf existierende Versorgung gemachte falsche Lebensplanung zu revidieren.

Wie kostenträchtig das heutige System ist, kann auch am folgenden Beispiel abgelesen werden: Ausbildung, insbesondere universitäre Bildung, wird in hohem Maße von der Gesellschaft subventioniert. Es ist heute selbstverständlich, dass junge Frauen einen Anspruch auf eine hochwertige Ausbildung entweder in der Wirtschaft oder auch an der Universität haben, und zwar als Wahrnehmung der Freiheit der Berufswahl. Gleichzeitig aber ist die Auffassung nach wie vor verbreitet, dass bei Gründung einer Familie und bei Mutterschaft das Recht besteht, die Berufstätigkeit aufzugeben, und zwar ebenfalls in Wahrnehmung einer Freiheit, nämlich der der persönlichen Entscheidungsfreiheit. Das führt gerade in Kreisen der gut situierten Familien dazu, dass Haushaltspflichten und Kindererziehung von einer – meist nicht für diesen Bereich - hochqualifizierten Person wahrgenommen werden, deren berufliche Ausbildung durch die Gesellschaft subventioniert wurde, für die ihre Kompetenz jedoch nicht mehr zur Verfügung steht. Es muß also festgestellt werden, dass Frauen, die ihren Beruf nicht ausüben und als Ehefrau und Mutter ihre Erfüllung finden, dem konservativen Bild der Frau entsprechen. Sie nehmen Vorteile, die durch die Emanzipationsbewegungen teilweise hart erkämpft wurden, in Anspruch und transportieren damit die gesellschaftspolitisch äußerst ungesunde Tatsache weiter, dass einerseits Kinder fast ausschließlich von Frauen aufgezogen werden, und andererseits die Arbeitswelt und auch die Welt der Politik, die Welt außerhalb der Hausgemeinschaft nämlich, hauptsächlich von Männern dominiert wird (über die Quote sind es zunehmend auch kinderlose Frauen). Eine Abschaffung der Drittversorgung und des Unterhaltsanspruchs würde hier zwangsläufig dazu führen, dass diese verschiedenen Lebensbereiche tatsächlich in Kooperation der Geschlechter gestaltet werden müßte.

Max Weber schätzt die familiären Beziehungen so ein, dass sie nur als urwüchsig zwischen Mutter und Kind und eventuell noch zwischen Geschwistern bezeichnet werden können, und zwar, weil sie eine Versorgungsgemeinschaft bilden. Die gemeinschaftliche Versorgung liegt aber auch zwischen Vater und Kindern dann vor, wenn eine Hausgemeinschaft besteht im Sinne eines gemeinschaftlichen Wirtschaftens. Wenn demnach die Urwüchsigkeit jener Verbindung nicht auf biologische Gemeinsamkeit zurückzuführen ist, die enge Bindung durch die große Nähe nach der Geburt und die Versorgung in der ersten Zeit danach eine Rolle spielt, kann diese enge Beziehung durchaus auch zum Vater entstehen. Ein Mann, der vom Augenblick der Geburt einen Säugling versorgt und ihm Nähe und Geborgenheit und Nahrung gibt, wird zum Kind wahrscheinlich eine ähnlich enge

Beziehung aufbauen können. Ähnlich natürlich nur deshalb, weil die Zeit der Schwangerschaft zwischen Mutter und Kind ein besonderes Verhältnis begründet.

Wenn eine Ehe oder eine Lebenspartnerschaft eingegangen wird oder die Entscheidung getroffen wird, ein Kind zu haben, so geschieht dies mit Sicherheit nicht in dem Gedanken, nach einigen Jahren mit einer Unterhaltsklage dieses geliebten Menschen konfrontiert zu sein. Die Aussicht darauf kann für eine Entscheidungsfindung höchst kontraproduktiv sein und das Ergebnis könnte rational gesehen eigentlich nur negativ aussehen.

Die Unterhalts- und Erbschaftsregeln bei Ehen oder Partnerschaften ohne Kinder sind überschaubar und auch im Vorfeld leichter zu handhaben. Auch sind in diesen Fällen meist beide Partner berufstätig, was zu einer größeren gegenseitigen Unabhängigkeit führt.

Das ist gravierend anders bei Ehen oder Partnerschaften mit Kindern. Hier entsteht nicht nur der Anspruch der Kinder gegen die Eltern, sondern auch der Anspruch des Partners wird durch die Tatsache der Existenz von Kindern erheblich gestärkt, oft sogar zeitlich unbegrenzt begründet.

Die in den Regelungen liegende Rigorosität, was den Einfluss auf die eigene Lebensplanung angeht, wird dazu führen, dass immer weniger Menschen bereit sind, Kinder zu haben und die im jetzigen Unterhaltsrecht liegenden zeitlich unbegrenzten „Bedrohungen" in Kauf zu nehmen. Da nutzen auch die größten Anstrengungen der Bundesregierung wenig, die Rahmenbedingen zu verbessern, die sich auf die Zeit der Aufzucht beziehen. Es ist heute nicht gesagt, dass mit der Zeit der Aufzucht auch die Zeit der besonderen Belastungen vorbei ist. Im Gegenteil. Die Zeit der Aufzucht kann die Ursache dafür sein, dass eine Gruppe von Berechtigten entstanden ist, die man rechtlich, was die Folgekosten angeht, nie mehr loswerden kann.

Es muss angezweifelt werden, ob eine solch schicksalshafte Beziehung wie Familie („Blutsverwandtschaft") oder auf Vertragsebene gegründete Partnerbeziehung wie Ehe oder Lebenspartnerschaft Grundlage für ein zeitlich unbegrenztes ökonomisches Band und damit gegenseitige Abhängigkeit sein darf.

Dabei ist es eindeutig so, dass nur der Rechtsstaat in der Lage ist, die hier manifestierte und eine positive Weiterentwicklung hemmende Rechtslage zu korrigieren. Eine weitere Entwicklung der Individualisierung kann nur mit konsequenter Selbstverantwortung gepaart sein, sowohl was die Gleichstellung von Frau und Mann aber auch was den besonderen Status junger Menschen innerhalb des Staates angeht. Eigenverantwortung und Übernahme persönlicher Verantwortung für sich und für andere müssen eben manchmal in Form von Vorschriften „erzwungen" werden. Eine Gesetzeslage, die hier zur zwangsweise Inanspruchnahme Anderer führt, kann nur als kontraproduktiv bezeichnet werden.

Es ist jedoch wichtig, daran zu erinnern, dass von den wirklich ernsten Konflikten eine gut funktionierende Familie nicht betroffen sein wird. Das Führen einer Ehe und das Erleben einer Elternschaft hat neben den ökonomischen und juristischen Seiten auch Seiten des großen Glücks und der persönlichen Erfüllung.

Abschliessend kann gesagt werden, dass ein einklagbarer Unterhaltsanspruch im zwischenmenschlichen Bereich als potentieller Anspruch, aber ganz besonders im Augenblick der konkreten Inanspruchnahme, grossen Schaden anrichtet. Er ist daher, wie aus den vorstehend ausgeführten Gründen hervorgeht, nicht nur mit den wichtigsten zeitgenössischen Gerechtigkeitstheorien nicht vereinbar, sondern grundsätzlich abzulehnen.

Zusatz:

Wie wenig Aussicht darauf besteht, dass von Seiten der Politik hier eine Entwicklung eingeleitet wird, die Höffe als die „praktische soziale Vernunft" bezeichnet hat, wird deutlich bei Äußerungen des Generalsekretärs der CDU, Ronald Pofalla. Er forderte kürzlich, dass erwachsene Kinder finanziell für ihre Eltern einstehen sollen, wenn diese Arbeitslosengelt II beziehen würden. (Kölner Stadt-Anzeiger, Nr. 184, 10. 8. 2006, S. 8 „Politik").
Mit anderen Worten, Frauen und Männer, die keine Kinder haben und die arbeitslos werden, haben einen unzweifelhaften Anspruch auf Arbeitslosengeld II gegenüber der Solidargemeinschaft. Eltern jedoch, die Kinder aufgezogen haben, die die Belastungen und die Einschränkungen auf sich genommen haben, und die im Laufe ihres Lebens arbeitslos werden, deren Anspruch soll erst noch in der Form geprüft werden, ob ihre Kinder hier unterhaltspflichtig sind!

Die gleiche Situation entsteht bei Pflegebedürftigkeit im Alter. Menschen, die keine Kinder haben, da tritt die Solidargemeinschaft bei der Kostenübernahme und bei fehlendem Vermögen ein. Bei Eltern und fehlendem Vermögen werden die Kinder in Anspruch genommen.

5. Literaturverzeichnis

Brockhaus Enzyklopädie, 20. Auflage Band 22 1996.

Hesselberger, Dieter, Das Grundgesetz, 10. Auflage 1996, Neuwied; Kriftel; Berlin: Luchterhand

Ottfried Höffe, Vernunft und Recht, Bausteine zu einem interkulturellen Rechtsdiskurs, 2. Auflage – Frankfurt am Main: Suhrkamp, 1998 (Suhrkamp-Taschenbuch Wissenschaft; 1270).

Christoph Horn und Nico Scarano „Philosophie der Gerechtigkeit". Suhrkamp Verlag 2002

Robert Nozick, Anarchie Staat Utopia, Deutsche Übersetzung mvg – Moderne Verlags Gesellschaft (ohne Jahreszahl), (Titel der Originalausgabe: Anarchy, State and Utopie, by Basic Books, New York, 1974).

Rüdiger Peuckert, Familienformen im sozialen Wandel, Opladen 1999

Platon, Der Staat, Über das Gerechte, Philosophische Bibliothek Band 80, 11. Auflage, Übersetzung von Otto Apelt, Hamburg, 1989

John Rawls, „Eine Theorie der Gerechtigkeit", in der deutschen Übersetzung 1979 im Suhrkamp-Verlag Frankfurt erschienen. Alle Zitate sind aus diesem Werk. (Titel der Originalausgabe: A Theory of Justice, 1971 by the President and Fellows of Harvard College)

Max Weber, „Wirtschaft und Gesellschaft", 1922, 4. Auflage 1956 Johannes Winkelmann, Tübingen